MANUAL DE ETIMOLOGÍAS GRECOLATINAS

MANUAL DE ETIMOLOGÍAS GRECOLATINAS

TERCERA EDICIÓN

Heriberto Camacho Becerra
Juan José Comparán Rizo
Felipe Castillo Robles

LIMUSA
NORIEGA EDITORES

MÉXICO • España • Venezuela • Colombia

Camacho, Heriberto
  Manual de etimologías grecolatinas / Heriberto
Camacho. -- 3a. ed. -- México : Limusa, 2006.
  340 p. ; 17 cm.
  ISBN-10: 968-18-5542-6
  ISBN-13:978-968-18-5542-0
  Rústica.
  1. Etimología

LC: PC4571   Dewey: 412 – dc21

Contenido

Introducción

El lenguaje es a la vez instrumento y producto del desarrollo social, evoluciona en la medida en que la vida y la sociedad se transforman; el individuo está ligado vitalmente a la colectividad a la que pertenece, a las condiciones históricas que determinan el cambio de la misma.

La lengua, producto de una realidad histórica, hace posible la comunicación social de una manera sistemática; el individuo, como hablante, se realiza en el uso particular de la lengua que le permite expresar su pensamiento.

El lenguaje es un instrumento de formación del pensamiento: existe una conexión entre la palabra y la idea tan importante, que se ha dicho que la palabra es necesaria para pensar.

Lugar preponderante ocupa el lenguaje en la investigación científica. Filósofos y lingüistas del presente siglo han elaborado fundamentalmente teorías distintas, que acrecen el conocimiento en el campo del lenguaje. Cítense:

- Saussure, que plantea problemas tales como el de la lengua frente al habla, la arbitrariedad e individualización y la mutabilidad e inmutabilidad del signo; y el carácter social de la lengua.
- Heidegger, para quien vivir es expresarse. El hombre no sólo vive, sino que hace su vida; para esta función esencial posee la palabra. El nombrar las cosas es un modo de constituir nuestro mundo vital. La misión del lenguaje consiste precisamente en una ampliación socializadora de la realidad. Por último, deben mencionarse los estudios de Adam Shaff y Noam Chomsky, en relación con la Lingüística y la Semántica.

De lo anterior se desprende la legitimidad de la inclusión del lenguaje en la información y formación del bachiller.

Los planes de estudio del bachillerato tienen como prioritario el que el alumno de este nivel logre un mayor conocimiento y profundización del idioma español como herramienta indispensable de la comunicación; así entre otros, recomienda y enfatiza como objetivos generales los siguientes:

- Promover en el estudiante la capacidad de utilizar el lenguaje como instrumento básico de la comunicación.
- Desarrollar la capacidad para comunicarse en forma oral y escrita, con claridad, variedad y precisión.
- Promover en el estudiante la capacidad de utilizar el lenguaje como herramienta en los demás campos del aprendizaje.

La Etimología, como parte de la Lingüística, estudia la significación exacta de las palabras mediante el conocimiento de su estructura, origen y transformaciones. En consecuencia el estudio de esta asignatura coadyuva a la consecución de los fines y objetivos del Área de Lengua y Literatura antes mencionados.

Particularmente, la Etimología persigue que el estudiante de bachillerato adquiera un dominio en el campo del lenguaje español, de aquellos vocablos y expresiones propios de las ciencias, las artes y aun las técnicas actuales, que tienen su origen en las lenguas clásicas: el griego y el latín.

CORRELACIÓN DE LA ETIMOLOGÍA CON OTRAS ASIGNATURAS

Dado que la Etimología se encarga de aclarar el origen, la evolución, el significado y uso correcto de las palabras, así como las leyes básicas de información, transformación e interpretación de los términos que más frecuentemente utilizamos, resulta evidente que es una materia que guarda estrecha relación con todas y cada una de las asignaturas que contempla el bachillerato en vigencia, en cuanto que las fundamenta, proporcionándoles, de una manera sistemática y precisa, la significación adecuada de las voces que utiliza cada una de ellas.

De manera especial, queremos subrayar la profunda conexión que la etimología tiene con las demás asignaturas que, junto con ella, conforman el Área de Lengua y Literatura.

Partiendo de este hecho y considerando que el objetivo más importante del área habrá de ser: "que el alumno adquiera la suficiente habilidad para comunicarse mejor con las personas que hablan y escriben la lengua española", se organiza de tal forma la presentación de los objetivos, temas y actividades de esta asignatura, que los conocimientos aparezcan armónicamente entrelazados, formando un todo unitario y complementando los otros recursos.

Esta materia se relaciona con aquellas asignaturas que buscan proporcionar al alumno la habilidad para el uso adecuado de la materia prima de la comunicación escrita o hablada, esto es el lenguaje, y esto lo obtiene de esta enseñanza en cuanto le ofrece los elementos indispensables para que el estudiante redacte o enuncie con mayor precisión y claridad sus conceptos; para que relacione por simple analogía los diferentes significados de las palabras; para que supere sus problemas ortográficos de mayor trascendencia.

Existe también un nexo claro que esta materia de Etimología guarda con los programas del bachillerato relacionados con la enseñanza de la Literatura en sus diferentes grados, ya que, por una parte, les proporciona un panorama histórico-evolutivo del lenguaje-palabra y, por otra, les auxilia en la comprensión de cultismos y tecnicismos que dichas asignaturas emplean.

Partiendo de lo anterior, se deduce que por medio del estudio y comprensión de la Etimología el alumno mejorará y ampliará su léxico y así sus necesidades e inquietudes de comunicación se verán satisfechas.

Organización y evolución del lenguaje

OBJETIVO GENERAL

- Identificar el lenguaje como instrumento básico de la comunicación humana.

OBJETIVOS PARTICULARES

1.1. Conocerá distintos tipos de comunicación.
1.2. Identificará el lenguaje-palabra como forma superior de comunicación.
1.3. Conocerá el origen, formación y evolución de la lengua española.
1.4. Advertirá la importancia del conocimiento de la lengua española.

1.1.1. LA COMUNICACIÓN

El hombre se distingue de los demás seres vivos por su constitución biológica; pero fundamentalmente, por poseer la particularidad de hablar, que viene a ser el reflejo de la realidad en conceptos expresados por palabras.

La facultad que posee el hombre para manifestar su pensamiento abstracto a los demás, recibe el nombre de *comunicación*.

Siempre ha sido inherente al hombre el deseo de trasmitir algo de lo suyo: amor, odio, angustias, inquietudes, etc. Es más pleno el hombre cuando más se comunica.

Este deseo radicalmente afianzado en el hombre lo ha hecho brincar barreras espacio-temporales para poder estar más en consonancia con las necesidades que le plantea su realidad histórico-concreta.

La comunicación es un proceso dinámico en el que se presentan múltiples y muy variadas modificaciones a través del tiempo. En este proceso se distinguen tres elementos: una fuente que genera el mensaje, unos medios que lo transmiten y un receptor que lo asimila.

Es evidente que todo proceso comunicacional depende de diversos factores que, o bien favorecen la transmisión del mensaje, o bien, la nulifican.

1.1.2. DISTINTOS TIPOS DE COMUNICACIÓN

La comunicación se realiza de diferentes maneras. Podemos distinguir fundamentalmente dos: **la verbal** y **la no verbal.** La comunicación **no verbal** comprende todo tipo de actos naturales o culturales realizados por el individuo en su relación diaria con los demás. Como ejemplo de estos actos, tenemos: expresiones mímicas y pantomímicas; determinados gestos y movimientos de brazos, manos y dedos; actuaciones silenciosas completadas con el cuerpo; etc.

Son formas **naturales** cuando los movimientos son el resultado de descargas emotivas; **culturales,** cuando entrañan la intención consciente de dar a entender un pensamiento o estado de ánimo.

En la comunicación **no verbal** se utilizan cosas materiales, a saber: objetos arquitectónicos, escultóricos y cerámicos, etc. En este renglón son ricas las tradiciones indígenas (por ejemplo, los peruanos quipo usan cordones de colores atados a un argolla; cada uno de ellos simboliza una idea). También aquí se incluyen las señales de tránsito, alarmas especiales, claves marítimas de comunicación, etc.

Con todo este rico acervo de posibilidades, el hombre trata de comunicarse lo más efectivamente posible; sin embargo, toda esta comunicación **no verbal** dista mucho de poseer el valor que caracteriza a la expresada por medio de la palabra: **la comunicación verbal.**

El hombre, creador de símbolos, ritos, danzas, encantamientos tribales, banderas, imágenes, tumbas, etc., posee por encima de todo esto, la capacidad de manifestar su pensamiento abstracto por medio del lenguaje-palabra.

1.2.1. LA SUPERIORIDAD DEL LENGUAJE-PALABRA

El mejor medio simbólico de comunicación que posee el hombre, por ser el más útil y perfecto es sin duda alguna, el lenguaje-palabra.

La lengua es la materialización que cada grupo humano hace, según su circunstancia particular y concreta, de la potencia comunicativa. En este sentido se habla de las lenguas española, francesa, rusa, maya, etc; como sistemas distintos de signos lingüísticos. Dichas lenguas pretenden y consiguen la comunicación entre los miembros de una comunidad. Su funcionamiento se reduce a la interpretación constante por parte del que oye, de una serie de señales que emite el hablante. Esto supone que tanto uno como otro, es decir, el hablante y el oyente, deben conocer un inventario o código de señales común. De la amplitud del código y de la comprensión que se tenga del mismo, dependerá en gran manera la capacidad de comunicación.

Cada lengua responde a las necesidades del grupo que la usa. El diccionario árabe, por ejemplo, proporciona cientos de palabras que sirven para hacer distinciones entre los camellos, mientras que el español sólo posee una. Sin duda alguna, esto se debe a la importancia social, histórica y económica que ha tenido este animal para los pueblos que habitan el desierto.

1.3.1. LENGUAS DEL MUNDO. PROCESO SOCIOHISTÓRICO

El nacimiento de los idiomas

Tal vez no tengamos jamás la certeza de saber cómo y cuándo nació el lenguaje. Investigadores del siglo pasado trataron de explicar este misterio; sus resultados, en nuestros días, se consideran meras especulaciones. Por la observación de los gritos de ciertos animales superiores, algunos autores creen que tales gritos fueron los cimientos del lenguaje hablado: los primeros signos articulados por los hombres.

Puede decirse que hace diez mil o cien mil años el hombre primitivo vivía con su familia entre toscos utensilios y otros objetos en una oscura caverna. Las palabras que empleaba en la comunicación eran con seguridad muy pocas. En esa época tal vez el hombre sólo hacía simples gestos acompañándolos de gritos o interjecciones, a la manera de ciertos animales. Pero la gran diferencia entre éstos y aquél estriba en que los sonidos humanos se caracterizan por ser articulados.

Milenios después, el hombre comenzó a describir oralmente los objetos que le rodeaban. Así le dio nombre al ''bosque''; a la ''maza'', al ''cielo'', al "ave", a la "lluvia", etc. Significó la acción de "comer", de "dormir", de "trabajar", etc.

En esta etapa el hombre ya sabía hablar, darse a entender. Habían nacido las **primeras lenguas.** Entiéndase bien esto: si los habitantes de un lugar carecían de relaciones con los de otro, no es nada probable que usaran términos iguales.

El relato bíblico de la Torre de Babel y la confusión de lenguas se refiere a una diferenciación de idiomas ocurrida en una época histórica y a una región donde confluían lenguas con rasgos muy semejantes.

Lenguas del mundo actual

Se calcula que actualmente se hablan en el mundo unas 3 000 lenguas diferentes. Unas son habladas por centenares de millones de hombres, mientras que otras lo son sólo por unos pocos centenares. En el Cáucaso, en ciertas partes de Nigeria, Nueva Guinea y Centroamérica, hay gran cantidad de lenguas habladas por escaso número de personas.

La fragmentación lingüística es una consecuencia de la evolución histórica. Cuando un pueblo lingüísticamente unitario se extiende sobre un gran territorio, se forman, tras algunas generaciones, diversos dialectos que evolucionan rápidamente, convirtiéndose en lenguas independientes, si no entran en acción fuerzas de contención, p. ej.: la centralización política.

Clasificación de las lenguas

Para clasificar la gran cantidad de lenguas del mundo, se han adoptado varios puntos de vista o criterios, de los cuales nos interesan principalmente dos: el criterio morfológico y el criterio genealógico.

Clasificación morfológica

Examina las lenguas en cuanto a su forma y constituye grupos idiomáticos que mantienen entre sí afinidades estructurales. Dentro de esta clasificación se distinguen tres grandes grupos de lenguas:

1. Monosilábicas
2. Aglutinantes
3. De flexión.

Lenguas monosilábicas

Las palabras de estas lenguas son raíces que no cambian, no se conjugan ni se declinan. Una misma palabra puede desempeñar los diferentes oficios ya sea de verbo, de adjetivo o de nombre, según el lugar que ocupe en la frase.

Son ejemplos de lenguas monosilábicas: el chino, el birmano, el tibetano y el siamés.

Lenguas aglutinantes

Agrupan palabras yuxtaponiéndolas, pero sin fundirse entre sí. La palabra-frase resulta de la mera unión externa de unas raíces con otras.

Son lenguas aglutinantes las hiperbóreas, las americanas, las caucásicas, las malayopolinésicas, las uraloaltaicas, etc.

Lenguas de flexión

Sus palabras constan de un lexema (raíz) al que se le unen otros elementos (llamados gramemas), combinándose con aquél y entre sí, para formar una unidad indivisible.

En esta clasificación se ubican las lenguas indoeuropeas, de las que trataremos posteriormente.

Las lenguas de flexión pueden ser: *analíticas y sintéticas*

- *Las sintéticas* expresan sus relaciones gramaticales por medio de gramemas que se combinan con el lexema (raíz).
- *Las analíticas* expresan las mismas relaciones gramaticales utilizando preposiciones, artículos o interjecciones (cuando son nombres), y verbos auxiliares (cuando se trata de verbos). El latín y el griego son lenguas de flexión sintética, en cambio, el español es una lengua de flexión analítica.

Clasificación genealógica

El criterio genealógico parte del origen común de varias lenguas manifestado en la afinidad que tienen entre sí.

Se llama familia lingüística al conjunto de lenguas que tienen su origen en una común o lengua madre. De las familias lingüísticas más importantes tenemos, entre otras: la semítica, la camítica y la indoeuropea. Esta última es la que más nos interesa y por lo mismo a ella nos referiremos en especial.

Familia lingüística indoeuropea

Es la más importante por su vasta extensión y porque el español se ubica dentro de ella. Geográficamente se establece desde la India por el Este, hasta las costas del océano Atlántico por el Oeste; por el Norte desde Escandinavia, hasta el mar Mediterráneo en el lado Sur.

La familia lingüística indoeuropea abarca nueve ramas importantes con sus respectivas ramificaciones, a saber:

1. Indo-irania: rama india antigua (sánscrito, práctico), rama india moderna (bengalí, hindi), rama irania (zend, persa).
2. Tocaria: tocario. Se habló en turquestán chino.
3. Armenio: antiguo y moderno.
4. Hitita: se habló en Asia Menor, en la antigua Capadocia (hoy Turquía)

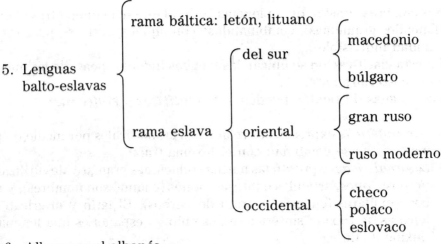

5. Lenguas balto-eslavas
   - rama báltica: letón, lituano
   - rama eslava
     - del sur
       - macedonio
       - búlgaro
     - oriental
       - gran ruso
       - ruso moderno
     - occidental
       - checo
       - polaco
       - eslovaco

6. Albanesa: el albanés.

7. Griega
   - eólico
   - dórico
   - jónico y ático-común-moderno

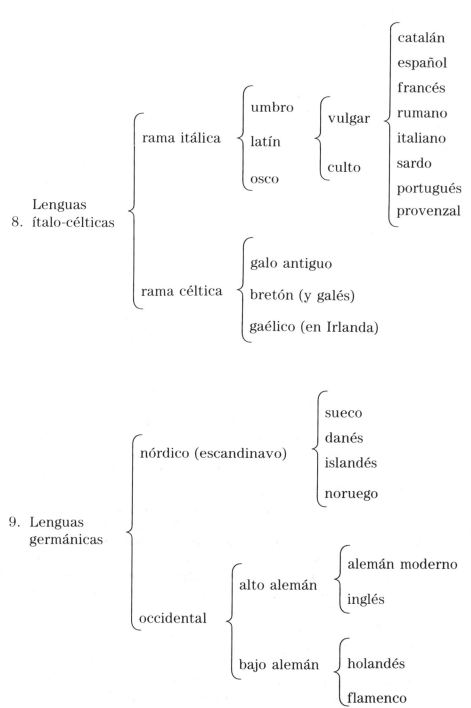

8. Lenguas ítalo-célticas

- rama itálica
  - umbro
  - latín
    - vulgar
      - catalán
      - español
      - francés
      - rumano
      - italiano
      - sardo
      - portugués
      - provenzal
    - culto
  - osco
- rama céltica
  - galo antiguo
  - bretón (y galés)
  - gaélico (en Irlanda)

9. Lenguas germánicas

- nórdico (escandinavo)
  - sueco
  - danés
  - islandés
  - noruego
- occidental
  - alto alemán
    - alemán moderno
    - inglés
  - bajo alemán
    - holandés
    - flamenco

1.3.2. ORÍGENES DEL ESPAÑOL

El idioma español se llama también castellano porque esta lengua romance comenzó a hablarse en Castilla, región central de España. Se dice que es una lengua romance porque se derivó principalmente del latín, idioma de los romanos. Se estima que nuestro idioma consta aproximadamente de un 75% de palabras de origen latino.

Se dice que los iberos fueron los primeros habitantes de la península llamada Ibérica o sea la poblada actualmente por España y Portugal. Por el siglo VI, antes de Cristo, los celtas invadieron el territorio de los iberos y ocuparon el centro y el oeste de la península. Los celtas se mezclaron con los fenicios, los griegos y los cartagineses; estos últimos sometieron todo el país bajo su dominio.

En el siglo II, antes de Cristo, los romanos invadieron el país y desalojaron a los cartagineses, y anexaron a Roma el territorio conquistado. Los romanos permanecieron en España durante cuatro siglos. Ellos contribuyeron a la civilización hispánica, dieron sus leyes, su educación, su religión cristiana y su idioma: el latín. La lengua que hablaba el pueblo se mezcló con el latín de los romanos y surgió un latín vulgar o popular, fuente de la lengua romance española.

En el año 409 de la era cristiana, bandas guerreras de vándalos, alanos y suevos (los llamados bárbaros), invadieron el territorio hispano. Para combatir a los bárbaros vinieron los visigodos, traídos por los romanos, y al fin llegaron a posesionarse del país, estableciendo su capital en Toledo. Los visigodos acabaron por adoptar la lengua romance que se hablaba en el país.

Al principio del siglo VIII de la era cristiana, aparecieron los árabes, apoderándose pronto de todo el país. No obstante, los cristianos españoles, comenzaron a combatirlos y a luchar por la reconquista.

Después de ocho siglos de dominación árabe, lograron los españoles, en el año de 1492, expulsar definitivamente a los árabes.

El español que hoy hablamos y escribimos es pues un idioma románico o romance, como el **rumano,** hablado en la antigua Dacia y al sur del Danubio, en parte de Macedonia y Albania; el **dálmata,** lengua muerta de las costas de Dalmacia; el **retorromano,** hablado en la antigua Retia, es decir, en parte de Suiza y de Italia; el **italiano,** idioma actual de Italia; el **sardo,** hablado en Cerdeña; el **francés** y **provenzal** de la vieja Galia; el portugués actualmente hablado en Portugal y en Brasil; etc.

El español surgió del latín vulgar, lengua con que se comunicaban los colonos y mercaderes legionarios establecidos en la península ibérica. El latín vulgar se convirtió por evolución en diversos dialectos hispánicos, entre los cuales predominó el castellano, declarado lengua oficial de España en el siglo XIII.

La lengua literaria española nació en tiempos de los reyes Fernando III (1230-1252) y Alfonso X (1253-1284).

1.3.3. CONFORMACIÓN DEL ESPAÑOL MODERNO

La múltiple influencia lingüística que conforma al español moderno procede en un alto porcentaje de la lengua latina.

El griego, después del latín, es el idioma que más palabras ha aportado al español. La mayoría de las palabras procedentes del griego han llegado a nuestra lengua a través del latín; recordemos la frase de Horacio: "Grecia cautivó a su rudo conquistador". Así fue, en efecto; aun cuando Roma dominó con las armas a Grecia, ésta le dio las excelencias de su cultura.

Particularmente, en el campo de la ciencia, ha sido la lengua griega, generadora de la casi totalidad de tecnicismos empleados por aquélla. Por ejemplo: **telescopio, microscopio, leucocito, higrómetro, hepatotomía, electrocardiograma, cardialgia,** etc.

Además del griego y el latín, pilares fundamentales del español, debemos mencionar la influencia de otros idiomas que han proporcionado elementos de gran valor a la configuración de la lengua que hoy hablamos, siendo las principales: el árabe, el hebreo, el inglés, el francés y las lenguas americanas.

El elemento árabe en el castellano es muy notorio. Poesía y fineza se revelan en algunas palabras de origen árabe usadas comúnmente en nuestro lenguaje: **Guadalajara** (río sobre piedras), **Guadalupe** (río de luz), **azahar, azucena, jazmín, alhelí, azul, aljibe, cenit, elixir, laúd, alféizar, alfombra, alhaja, alcázar;** en otras, su carácter práctico: **cero, cifra, álgebra, azote, acequia, alacena, alcoba, almohada, alcohol, alfiler, algodón, alacrán, alarife, albricias,** etc. y en algunas más, su sentido humorístico: **gandul, haragán, rabadán, orangután, alcahuete, maravedí,** etc.

El **hebreo** ha proporcionado a nuestro idioma un cuantioso vocabulario fácil de identificar por el matiz bíblico-religioso de sus palabras: Abel, Abrahán, Adán, Babel, Benjamín, David, Eva, Ester, Gabriel, Isabel, Jacob, Jesús, Lázaro, Manuel, Mesías; las palabras comunes: aleluya, amén, cábala, hosanna, jubileo, querube, rabino, sábado, serafín, etcétera

De los pueblos **germánicos**, hemos tomado palabras, muchas de ellas de acento guerrero: dardo, esquivar, feudo, guerra, heraldo, sable, sitio, trotar, yelmo; nombres propios, tales como Adolfo, Alfonso, Álvaro, Arnaldo, Elvira, Enrique, Ernesto, Federico, Fernando, Gonzalo, Heriberto, Ramiro, Rodrigo, Rosendo, etc.

- **Francés:** bajel, billar, blusa, bufete, burel, cadete, camión, corchete, cofre, dosel, ficha, hotel, jardín, manjar, miniatura, obertura, paje, parque, sargento, trinchar, vergel, etcétera.
- **Italiano:** alerta, bagatela, baqueta, bisoño, boleta, brújula, coronel, cucaña, chusma, escopeta, fachada, fragata, opereta, pestaña, saltimbanqui, soneto, etcétera.
- **Inglés:** Babor, bote, boxeo, coctel, cheque, dólar, líder, rifle, tranvía, vagón, etcétera.
- **Lenguas americanas:** (lenguas caribe y haitiana) batata, cacique, caimán, caníbal, canoa, caoba, carey, colibrí, guayaba, hamaca, huracán, macana, maíz, papaya, piragua, sábana, tabaco, tiburón, etcétera.
- De *México* (lenguas náhuatl, tarasca y maya) aguacate, cacahuate, cacao, camote, chocolate, hule, jícara, nopal, petaca, petate, tiza, tomate, etcétera.
- De *Sudamérica* (lenguas aimar, quéchua y guaraní) coco, tapir, tapioca, alpaca, cancha, cóndor, guano, loro, llama, pampa, papa, puma, vicuña,

1.4.1. EL ESPAÑOL, IDIOMA EXPRESIVO

Julio Verne el novelista que ha cautivado con sus narraciones llenas de aventuras con colorido y paisajes exóticos, se ha expresado de nuestro idioma español en términos muy halagadores: "¡Qué lengua! ¡Qué lengua tan abundante y tan sonora! Estoy seguro de que entran en su composición setenta y ocho partes de cobre y veintidós de estaño como en el bronce de las campanas".

Eso es nuestro idioma español, lenguaje que vibra, que se manifiesta en múltiples facetas. Ya en líneas arriba se manejaba esta idea: la lengua no es una institución legendaria e intocable sino un ente vivo que se enriquece, día a día, con nuevas palabras y que por igual desecha las palabras que ya no le son útiles.

Si bien es cierto que las lenguas evolucionan, es notorio también que éstas van creando sus propias leyes, el gran lingüista suizo Ferdinand de Saussure habla del signo lingüístico como signo mutable, porque evoluciona a través del tiempo, pero inmutable, porque no se puede cambiar a capricho de un hablante en un determinado momento.

Esto es, que nuestro lenguaje está ligado a un contexto del que extrae su sentido; de aquí la necesidad de que la palabra ocupe el lugar preciso en la expresión, para que podamos comunicar lo que queremos. En la siguiente unidad trataremos nuevamente este punto que habrá de conectarnos más a la estructura lingüística que ahora indicamos.

El español posee múltiples posibilidades expresivas. Consideremos sólo como ejemplos aquellos términos que contienen ideas afines, es decir, palabras sinónimas, isónimas, homónimas, homófonas y antónimas.

- *Sinónimas:* palabras que tienen un significado muy parecido. Ej.: ella es **estudiosa, aplicada, ejemplar, cuidadosa,** etc.
- *Isónimas:* palabras que tienen una raíz común. Ej.: **delgado, delicado; abertura-apertura; legal-leal; entero-íntegro;** etc.
- *Homónimas:* palabras que se escriben exactamente igual; pero tienen significación distinta. Ej.: Ella se **casa** hoy; tu **casa** es cómoda. Tocó un solo de violín; él vive **solo** en su choza; etc.
- *Homófonas:* vocablos que se pronuncian o suenan igual, pero que tienen una escritura algo diferente. Ej.: **a** (preposición), **ha** (verbo), **ah** (interjección), etc.
- *Parónimas:* son palabras que se escriben de un modo parecido, sin embargo, tienen un significado distinto. Ej.: **imprudencia** (falta de prudencia), impudencia (falta de pudor); **absolver** (perdonar), **absorber** (chupar); etc.

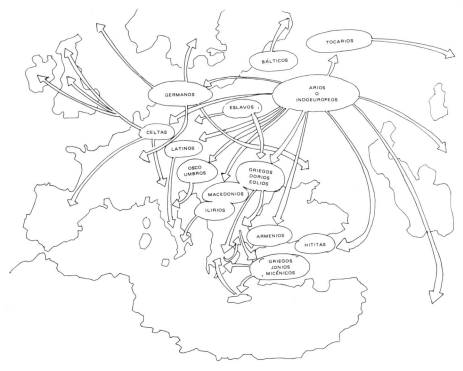

- *Antónimas:* Son palabras que tienen significación contraria. Ej.: **bondad** y **maldad; belleza** y **fealdad; principio** y **fin;** etc.

Se ha terminado la exposición de la primera unidad. La idea constante que hemos manejado ha sido la comunicación, la búsqueda dinámica de dar a conocer nuestros conceptos. Hemos llegado a la conclusión de que no existe una forma más adecuada para expresar nuestros conceptos que el lenguaje-palabra.

La historia, reflejo fiel de la vida del hombre a través del tiempo, ha sido una extraordinaria guía en la búsqueda del origen, desarrollo y expresividad de la lengua española.

El estudio de la etimología grecolatina de nuestro idioma, que ahora estamos iniciando, es tan sólo una parte de ese horizonte ilimitado que es la lingüística. Nuestra comunicación será precisa y adecuada cuando nuestros medios sean los más apropiados.

EJERCICIOS DE APLICACIÓN

1. El hombre se distingue de los demás seres vivos fundamentalmente por poseer la particularidad de _____ .

2. El hablar es una particularidad exclusiva del hombre, por esto se __ _____ de los demás seres.

3. La facultad que posee el hombre para manifestar su pensamiento abstracto recibe el nombre de _____ .

4. En la comunicación intervienen varios elementos: una fuente que genera el mensaje, unos medios que los trasmiten y un _____ que lo _____ .

5. Podemos distinguir fundamentalmente dos tipos de comunicación: __ _____ .

6. En la comunicación no verbal se utilizan cosas materiales, tales como: _____ .

7. El hombre, creador de símbolos, danzas, etc., tiene la capacidad de manifestar su pensamiento abstracto por medio del _____ .

8. La lengua es la _____ que cada grupo humano, hace de la potencia _____ .

9. El mejor medio simbólico de comunicación, el más útil y perfecto, es sin duda el _____ .

10. La capacidad de comunicación dependerá en gran parte de la _____ _____ así como de la _____ .

11. El promedio de lenguas habladas en el mundo es aproximadamente de _____ .

12. Los lingüistas han adoptado varios puntos de vista para clasificar el gran número de lenguas; nos interesan dos: 1) _____ _____ 2) _____ .

13. Para clasificar las lenguas según su origen usamos el criterio _____ _____ .

14. El criterio morfológico que clasifica las lenguas según su forma o estructura, distingue tres grupos de lenguas:

    1) _____

    2) _____

    3) _____

15. Las lenguas cuyas palabras constan tan sólo de raíces que no cambian ni se conjugan, ni se declinan, son las lenguas _____ .

16. Las lenguas china y tibetana son compuestas de palabras que no se conjugan, ni se declinan, por lo que se clasifican en las lenguas _____ _____ .

17. Algunas lenguas agrupan palabras yuxtaponiéndolas, pero sin fundirse entre sí. Reciben el nombre de _____ .

18. Las lenguas cuyas palabras constan de una raíz (o lexema) a la cual se añaden otros elementos (los gramemas) que se combinan entre sí, formando una unidad indivisible, son las llamadas lenguas _____ _____ .

19. Las lenguas de flexión pueden ser: _____ .

20. La lengua latina, así como el griego, para expresar las relaciones gramaticales entre una palabra y otra se valen de un gramema añadido a la raíz de la palabra en cuestión; estas lenguas son de _____ _____ .

21. El castellano, para expresar estas mismas relaciones se vale de preposiciones, artículos o de otras partículas; esta lengua es de flexión _____

_____.

22. El criterio genealógico estudia las lenguas en cuanto a su origen y las agrupa en familias lingüísticas; las más importantes son:

1) _____

2) _____

3) _____

23. En el siguiente mapa el alumno matizará con un color determinado las regiones donde se hable algún idioma de la familia lingüística indoeuropea.

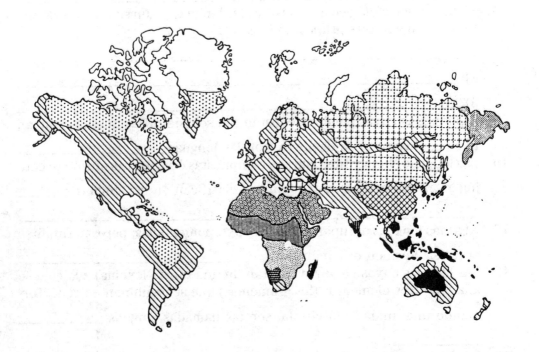

24. Al español porque se comenzó a hablar en Castilla, región central de España, se le llama también _____ .

25. En el siguiente dibujo, que representa la familia lingüística indoeuropea, señalarás en cada rama los nombres de las lenguas que de ella se originan.

26. La lengua española o _____ se originó del grupo de lenguas formadas por la influencia de la conquista romana, grupo que conocemos como _____.

27. El latín, idioma de los romanos, es el idioma que tiene mayor influencia en el nuestro. Se cree que el español consta aproximadamente de un _____ de palabras de origen _____.

28. Así encontramos a nuestro idioma en las lenguas romances; también encontramos al _____ en Italia; al _____ en Portugal y en Brasil.

29. El griego y el latín son conocidos como pilares fundamentales del español; sin embargo, hay otros idiomas que participan considerablemente en la formación del español moderno, ellos son: _____

   _____

   _____.

30. Nuestra comunicación será más precisa y adecuada cuando nuestros medios sean los _____.

¡¡ATENCIÓN!!

Al final de nuestro texto tenemos una Sección de Apéndices; éstos son para ayudar a evaluar tus conocimientos de la unidad vista.

El Apéndice ''A'' corresponde a la Primera Unidad.

Es importante que consultes esta sección. . . ¡Te deseo buena suerte!

La etimología y el cambio de las palabras

OBJETIVO GENERAL:

- El alumno comprobará que el estudio de la etimología grecolatina constituye un valioso instrumento para la comprensión del lenguaje científico.

OBJETIVOS PARTICULARES:

2.1. Conocerá los conceptos de etimología.
2.2. Se percatará de la importancia de la etimología.
2.3. Se enterará de los cambios que sufren las palabras españolas: fonéticos, morfológicos y semánticos.
2.4. Empleará los signos griegos que sean necesarios para el análisis etimológico de algunas palabras técnicas y cultas.

2.1.1. SIGNIFICADO NOMINAL DE LA PALABRA ETIMOLOGÍA

La palabra ''etimología'' procede de dos voces griegas: ἔτυμος (étymos), verdadero, y λόγος (lógos), palabra. Nominalmente, pues, la palabra ''etimología'' significa **estudio del verdadero significado de las palabras.**

Cuando hablamos de la etimología de una palabra, nos referimos comúnmente a su origen: así decimos que "democracia" viene de δεμος (demos), pueblo, y κρατος (kratos), poder, o que el nombre de Heliodoro se deriva de ηλιος (jelios), sol, y δωρον (doron), don, etcétera.

Cuando no se conoce la etimología de una palabra es que se ignora el origen de la misma.

2.1.2. DEFINICIÓN REAL O CIENTÍFICA DE LA PALABRA ETIMOLOGÍA

Etimología es la rama de la lingüistica que estudia es origen, la estructura, la evolución y el significado de las palabras.

En el caso particular de la etimología grecolatina del Español, el estudio comprenderá la estructura, la evolución y el significado de las palabras españolas que se derivan del griego y del latín, lenguas que en un mayor porcentaje han contribuido en la formación de nuestro idioma.

2.2.1. IMPORTANCIA DE LA ETIMOLOGÍA GRECOLATINA

La etimología dentro del estudio de una lengua es de vital importancia para todo hombre que se precie de ser medianamente culto. Varias razones convalidan esta afirmación; mencionemos entre las más importantes las siguientes:

• La etimología es de gran utilidad, para una mejor comprensión de nuestro idioma.
• Proporciona el vocabulario propio de las ciencias humanísticas y de la tecnología en general.

Los anteriores argumentos son evidentes, ya que el estudio de esta ciencia:

1. Facilita la comprensión de palabras técnicas o cultas. Por ejemplo, de la palabra griega άνϑροπος (anthropos), hombre, se forman: antropología, antropopiteco, antropoide, antropomorfismo, etcétera.
2. Es un auxiliar de la memoria. Conociendo una raíz podemos acordarnos de muchísimas palabras que tienen relación con aquélla.
3. Relaciona el español con otras lenguas indoeuropeas. Ejemplos: la palabra *protocolo*, que proviene del latín, **protocollum,** y éste del griego πρωτοκόλλον, la encontramos casi idéntica en portugués (protocolo), inglés (protocol), francés (protocole), alemán (protokoll), italiano (protocolo), etcétera. El término *protestar* del latín **protestari**, existe con muy marcada similitud en

portugués (protestar), inglés (to protest), francés (protester), alemán (protestieran), italiano (protestare), etcétera, lo anterior nos prueba evidentemente que cualquier estudioso de la etimología está en condiciones excelentes para aprender con suma facilidad lenguas extranjeras.

4. Es de gran ayuda en la formulación de conceptos y definiciones. Ejemplos: *centrífugo* del griego κέντρον, centro, y del latín, fúgere, huir; que se aleja del centro. Esto es, la fuerza por la cual un cuerpo tiende a alejarse del centro.Mastitis, del griego μαστός, (mastós), seno e ιτις (itis), inflamación; de los senos. Enfermedad propia de la mujer en la que experimenta inflamación de sus pechos, debida a trastornos generalmente hormonales, etcétera.

5. Sirve para deducir definiciones y formularlas claramente. Ejemplos: *maestro*, del latín **magister**, y éste de *tri, tres* y *magis*, más; que tiene tres veces más de mérito (se entiende en el grado de conocimiento que debe tener el maestro. *Catedrático*, del griego κάτεδρα, asiento o silla; quien enseña desde un asiento o estrado a sus discípulos. *Profesor*, del latín **professor**, que profesa algo, es decir, persona que enseña una ciencia, arte y oficio.

6. Nos auxilia en la elaboración de neologismos prácticos. Ejemplos: *cardiología* de καρδία (kardía), corazón, y λόγος (lógos), tratado: estudio del corazón; polidipsia, de πολύς (polys), mucho y δίψα (dipsa), sed: sed insaciable. Geografía, de γῆ (gue), tierra, y γραφῆ (grafé), descripción: estudio descriptivo de la Tierra.

7. Nos ayuda a enriquecer el vocabulario, utilizando los recursos que nos brinda la comprensión de las unidades menores de la palabra (lexemas y gramemas), tanto para formar palabras derivadas como para elaborar términos compuestos.

8. Nos ayuda a enriquecer al vocabulario, utilizando los recursos que nos brinda la comprensión de las unidades menores de la palabra (lexemas y gramemas), tanto para formar palabras derivadas como para elaborar términos compuestos.

La *derivación* se hace mediante sufijos que se añaden convenientemente a la raíz para agregar una idea determinada. De la palabra "libro", se derivan, por ejemplo, libraco, librería, librero, librito, librote, etc.

La *composición* consiste en hacer de dos o más palabras (elementos componentes), una palabra nueva, llamada compuesta, cuya significación resulta de las palabras unidas. Ejemplos: de boca y calle, resulta bocacalle; de corta y pluma, cortapluma, etc. También son palabras compuestas aquellas que están formadas por una partícula que antecede a la raíz. Ejem.: antiaéreo, desusado, exministro, colaborar, etcétera.

2.2.2.   LA ETIMOLOGÍA COMO FUNDAMENTO DE LA ORTOGRAFÍA

El conocimiento de la etimología es un valioso auxiliar de la ortografía. La palabra ortografía, de ὀρθός (orthós), correcto, y γραφή (grafé), escritura, quiere decir, escritura correcta, sin faltas.

Su regla general es que las palabras derivadas siguen la escritura de las primitivas; éstas, a su vez, generalmente observan la ortografía de las palabras de donde provienen en principio, ya sea del latín, del griego o de cualquier otro idioma.
Ejemplos:

• BENÉfico		• BIBLIOteca	
• BENEficencia	del latín **BENE** (bien)	• BIBLIa	del griego **BIBLI** (libro)
• BENEfactor		• BIBLIómano	
• BENdito			
• BENigno	del latín **BEN**, en forma breve (bien)	• SINarquía	
• BENdecir		• SINcronía	del griego **SIN** (con, unión)
		• SINónimo	
• CarníVORO			
• HervíVORO	del latín **VORO** (comer)	• inSENSibilidad	
• InsectíVORO		• SENSatez	del latín **SENSUS**, que abrevia **SENS** (sentido)
		• SENSual	

Las palabras españolas derivadas de βίος (bios), vida, se escriben con "B". Por ejemplo: Biología, abiogénesis, microbio, etc. Se escriben con "h" todas las palabras que en su origen latino tienen "f": farina—harina, fácere—hacer, ferrum—hierro, ficus—higo, formica—hormiga, etc. Asimismo, se escriben con "h" inicial todas las palabras españolas que se derivan de términos griegos que llevan espíritu áspero.

2.3.1. CAMBIOS FONÉTICOS, MORFOLÓGICOS Y SEMÁNTICOS

Varias teorías acuden a solucionar las preguntas sobre el fenómeno histórico del lenguaje y su evolución.

Según Platón, las palabras imitan la naturaleza de las cosas; la esencia de éstas nos es conocida por medio de las palabras. La institución del lenguaje es un hecho natural, pero la espontaneidad del espíritu interviene en la evolución del mismo.

Max Müller afirma que el hombre posee desde el momento de nacer una especie de instinto para crear las palabras y darles significación.

Spencer sostiene que el lenguaje, como la naturaleza humana, con todas sus actividades, deriva de una evolución lenta de la animalidad.

La teoría de la elaboración dice que el hombre nace sin ideas. Posee la facultad de adquirirlas, organizarlas y, como consecuencia, de crear el lenguaje. **El proceso del lenguaje está sometido a la experiencia, a las condiciones psicológicas del individuo, a su educación y medio social.**

Según Saussure, la modificación del lenguaje está determinada por la acción del tiempo que se combina con la de la fuerza social.

Los cambios fonéticos

Cambios fonéticos, de φωνή (foné), sonido, son los que afectan a los sonidos de las palabras. La lengua, a través de los cambios fonéticos, adopta las formas dialectales y del habla. Las mismas palabras son pronunciadas con distintos matices por diferentes personas. La palabra "produces" suena diferente si la dice un español, un argentino o un mexicano.

La evolución fonética se ve claramente en los siguientes ejemplos:

- **Ménsa** — mesa
- **Séptem** — settem — siete
- **Cálidus** — caldus — caldo
- **Fáctum** — factu — faito — feito — fecho — hecho
- **Nóvum** — nuevo
- **Pédem** — pie
- **Vindicáre** — vendegare — vengar

- **Véritas** — veritad — vertad — verdad
- **Nomináre** — nombrar; etc.

En el habla popular son abundantísimos: "polecía" por policía, "medecina" en vez de medicina, "pos" por decir pues, "overás" por ahora verás, etc.

La relajación de la "s" final de sílaba, que se convierte en "h" aspirada, es característica del habla de algunas regiones de México, así como la desaparición del sonido de la "ll" que es sustituido por una "i" larga: Hermosillo — Hermosío; tortilla — tortía.

Los cambios morfológicos

Cambios morfológicos, de μορφή (morfé), forma, son los que sufren las palabras al modificar su forma o estructura, ya sea, aumentando, suprimiendo, trasponiendo o fundiendo alguna o varias letras de un vocablo concreto. Ejemplos: **ora** por **ahora, aqueste** por **este, felice** por **feliz, navidad** por **natividad, del** por **de el**, etc.

Es evidente que todo cambio morfológico implica siempre un cambio fonético.

Los cambios semánticos

Los cambios semánticos, de σημαίνω (semáino), significar, se refieren a las variaciones de significado que sufren las palabras con el correr del tiempo.

Las voces se llenan o se vacían de contenido, se gastan o se olvidan. De ahí que muchas palabras actuales ya no signifiquen lo mismo que cuando comenzaron a utilizarse. Ejemplos: *precipitar*, de prae (antes) y cáput (cabeza) significaba: "arrojarse de cabeza a un lugar profundo"; ahora significa "acelerar", "atropellar", etc., *átomo*, de ἀ (a), sin, y τομή (tomé), corte, significó por mucho tiempo "lo indivisible"; ahora, con los adelantos de la ciencia, sonaría ridícula una definición que partiese de sus elementos constitutivos.

Entre las causas que engendran los cambios semánticos encontramos las siguientes:

1. *La economía de la palabra.* Se basa en el principio del mínimo esfuerzo al suprimir en el habla todo aquello que no es necesario para la comu-

nicación. Por ejemplo, de la expresión "ferrocarril metropolitano" quedó simplemente "metro"; de "vehículo automóvil" se pasó a "automóvil" y luego a "auto"; la palabra "cinematógrafo" terminó en "cine", etc.

2. *Causas lingüísticas.* La metáfora constituye una de las fuentes principales de la evolución semántica. En los diversos idiomas, las plantas, los animales y los instrumentos, intercambian sus nombres. El mar está lleno de caballos, perros, anémonas y estrellas; el jardín, de espuelas, perritos y nubes; el taller, de gatos, pericos, etc. El cuerpo humano surte de un gran número de metáforas: la cabeza de un puente, el pie de una montaña, el ojo de agua, los dientes de una sierra, la boca del río, etc.

3. *Causas históricas.* Las transformaciones de los hechos o de las cosas con el fluir del tiempo, hacen que algunas palabras relacionadas con la ciencia y la técnica, el arte, la filosofía y las instituciones, en general, observen auténticos cambios de significación, ya sea porque los conceptos necesiten de una mejor adecuación a la realidad que se vive, ya sea por influencias psicológicas o sociales de la colectividad en un momento histórico determinado. Es el caso de palabras, tales como: matrimonio, candidato, patria, papel, pluma, doctor, átomo, cáncer, etc.

Cada palabra tiene su historia, ha crecido en un ambiente específico.

Así como el pueblo se encuentra en permanente evolución, de la misma manera las palabras cambian parejamente con aquél, tratando de encontrar riqueza de sentido, expresividad, sugestión y sabor.

Conocidas ya la definición e importancia de la etimología, así como los distintos cambios que experimentan las palabras, se hace necesario iniciar el estudio propiamente dicho de nuestra asignatura.

El español moderno está conformado básicamente por la influencia de tres idiomas: el latín, en primer lugar; griego y árabe, en segundo y tercer lugar respectivamente

2.4.1. EL ALFABETO GRIEGO

El alfabeto griego consta de veinticuatro letras, cuyas grafías, nombres y equivalencias en el alfabeto latino damos a continuación:

Mayúsculas	Minúsculas	Nombre en Español	Sonido	Pasa al Español
A	a	alfa	a	a
B	β	beta	b	b
Γ	γ	gamma	g(suave)	g
Δ	δ	delta	d	d
E	ϵ	épsilon	e	e
Z	ζ	dseda	ds	z, c
H	η	eta	e (larga)	e
Θ	$\theta - \vartheta$	theta	th (inglesa)	t
I	ι	iota	i	i, y
K	κ	capa	k	c
Λ	λ	lambda	l	l
M	μ	my	m	m
N	ν	ny	n	n
Ξ	ξ	xi	x	x, j
O	o	ómicron	o (corta)	o
Π	π	pi	p	p
P	ρ	rho	r	r
Σ	$\sigma - \varsigma$	sigma	s	s
T	τ	tau	t	t, c
Υ	υ	hypsilon	y	u, i
Φ	$\varphi - \phi$	fi	f	f
X	χ	ji	j	qu, c, k
Ψ	ψ	psi	ps	ps
Ω	ω	omega	o (larga)	o

De las dos formas de la sigma minúscula (σ—ς), la primera se utiliza al principio y en medio de palabra, y la segunda sólo al final. Ejemplo: σεισμός (seismós), sismo.

De las dos formas de la theta minúscula (θ - ϑ), se emplea generalmente la primera al principio de palabra, y la segunda en los demás casos. Ej.: ἄνθρωπος (ánthropos), hombre; θεός (theos), Dios, etc.

Algunas normas de pronunciación griega

1. La γ (gamma) suena suave antes de todas las vocales. Ejemplos: γάμος (gamos), casamiento; γέννησις (guénesis), génesis. Ante otra gutural: κ (kappa), ξ (xi), γ gamma o χ (ji), la (gamma) se convierte al ser leída en sonido "n" para evitar la cacofonía. Ejemplos:

   a) γ, antes de otra γ:
   ἄγγελος. Literalmente dice AG—GUE—LOS, que significa "el ángel". Sin embargo, aplicando la regla diremos ANGUELOS.
   (Hacemos la división silábica para que se perciba claramente la razón de esta regla).

   b) γ, antes de κ : ἄγκυρα. Literalmente se lee AG—KY—RA. Teniendo en cuenta la regla, diremos AN—KY—RA, que quiere decir "ancla".

   c) σφίγξ. A la letra se pronuncia SFIGX. Sin embargo, leeremos SFINX, esfinge.

   d) Ἀγχίσης. Al pie de la letra suena AG-JI-SES. Debemos pronunciar ANJISES, que significa Anquises, nombre propio.

2. La κ (kappa) siempre suena fuerte, como K. Ejemplos:
   κέντρον (kéntron), centro; κίνημα (kínema), movimiento.

3. Los diptongos, que resultan de la unión de una vocal fuerte o áspera (α - ε - η - o - ω) con una vocal suave (υ - ι), son nueve y su pronunciación la indicamos entre paréntesis:
   αυ (au), ευ (eu), ηυ (eu), ου (u), ωυ (ou), αι (ai), ει (ei), οι (oi), y υι (ui). Estas dos últimas letras griegas forman diptongo por ser la υ más fuerte que la ι.

4. La iota (ι) se llama suscrita, cuando forma diptongo con la a larga, la η o la ω, porque entonces se escribe debajo de ellas: ᾳ, ῃ, ῳ. En estos casos la iota (ι) no se pronuncia.

5. La doble λλ se pronuncia "l". Ej.: βάλλω (bálo), lanzar.

Los acentos griegos

En griego hay tres clases de acentos: el agudo (′), que indica elevación de la voz. Ejemplos: Νεάπολις (neápolis), Nápoles; el grave (`), que indica de-

presión. Ejem.: καὶ πάντα ῥεὶ (kai panta rei), "todo fluye"; y el circunflejo (~)
que denota elevación y depresión de la voz. Ejemplos: γῆ (gué), tierra, δῆμος
(démos), pueblo, etc.

En la práctica sólo utilizaremos el primero. Si el acento va sobre un diptongo, éste se escribe sobre la segunda vocal y se pronuncia sobre la primera. Ejemplo: βασιλεύς (basiléus), rey; σημαίνω (semáino), significar.

Los espíritus

Los espíritus son signos que se colocan sobre toda vocal inicial de palabra
griega, o sobre la segunda, si es diptongo. Se conocen dos clases de espíritu: el
suave ('), que indica que la vocal que lo lleva se pronuncia con naturalidad, v.
gr., ἄνθρωπος (ánthropos), hombre; el áspero o rudo (·), que indica que la vocal
que lo lleva debe pronunciarse con aspiración, es decir, con el sonido de una "j"
casi inaudible, v. gr., ὑπέρ (jiper), sobre; ὕδωρ (jídor), agua.

Todo vocablo que empieza por u o por r (única consonante que admite este
signo), lleva siempre espíritu áspero. Ejemplos: ὑπνός (jipnós), sueño; ὑστέρα
(jistéra), ústero, ῥόδον (ródon), rosa; ῥίζα, raíz etcétera.

Cuando la ρ se encuentra repetida en medio de palabra, la primera lleva
espíritu suave, y la segunda espíritu áspero. Por ejemplo: ταρρέω (tharréo),
confiar.

Si en una misma vocal se juntan el espíritu y el acento, el espíritu se coloca a
la izquierda del acento agudo, o debajo del acento circunflejo, según sea el caso.
Ejemplos: ἤλεκτρον (élektron); οὖρον (úron), orina.

Finalmente, cuando una palabra lleve espíritu áspero y ésta empiece por
diptongo, la aspiración deberá hacerse sobre la primera vocal, aunque el espíritu,
como ya sabemos, vaya sobre la segunda. Ejemplos: αἷμα (jáima), sangre; οἱ
(joi), los; αἱ (jai), las, etcétera.

Signos de puntuación e interrogación

El griego usa los siguientes signos:

1. La *coma* (,), igual que la nuestra.
2. El *punto* (.), igual que el nuestro.
3. El *punto alto* colocado en la parte superior de la línea. Equivale a nuestros dos puntos o al punto y coma.
4. El *punto y coma* (;), correspondiente a nuestro signo de interrogación
(?) y se coloca sólo al final de la frase interrogativa.

Ejercicio de lectura griega:

'AHP   AIRE,
'ΑΓΡΟΣ   CAMPO,
''ΑΝΘΡΩΑΠΟΣ   HOMBRE,
''ΑΝΘΟΣ   FLOR,
'ΑΡΘΗΡΙΑ   ARTERIA.

ἄρθρον	articulación	κύων	perro
ἄστρον	astro	χείρ	mano
βιβλίον	libro		
βίος	vida		
βρόγχος	bronquio		
καρδία	corazón		
κεφαλή	cabeza		
κύκλος	ciclo		

FÁBULAS DE ESOPO

El cuervo y la zorra

Κόραξ κρέας αρπάσας ἐπί τίνος δένδρου ἐκάθισεν ἀλώπηξ δὲ θεασαμένη αὐτον καὶ βουλομένη τοῦ κρέως περιγενέσθαι, στᾶσα ἐπήνει αὐτον ὡς εὐμγέθη τε καὶ κα λόν, λέγουσα καὶ ὡς πρέπει αὐτῷ μάλιστα τῶν ὄρνεων βασιλεύειν, καὶ τοῦτο πάντως ἄν γένοιτο ει φωνήν ἔιχεν. ῾Ο δὲ παραστῆσαι αὐτῇ βουλόμενος, ὅτι καὶ φῶνην ἔχει, βαλὼν τὸ κρέας μεγάλως ἐκεκράγει· ἐκείνη δε προσδραμοῦσα καὶ το κρέας ἁρπάσασα ἔφη· ὦ κόραξ, ἔχεις τὰ πάντα· νοῦν μόνον κτῆσαι.

Πρὸς ἄνδρα ἀνόητον ὁ λόγος εὔκαιρος.

* * *

Habiendo cogido carne un cuervo, se posó sobre un árbol. Mas habiéndole visto una zorra y deseando ésta apoderarse del trozo de carne, se puso a alabarle como grande y hermoso, diciéndole también, que a él más que a nadie le correspondía reinar sobre las aves, y que esto puntualmente sucedería, si es que tenía voz. Y él, queriendo demostrarle a ella que también tenía voz, arrojando el pedazo de carne, dio un fuerte graznido. Mas ella, corriendo hacia él y arrebatándole el trozo de carne, le dijo: ¡oh cuervo, tienes de todo: ten únicamente inteligencia!.

Esta fábula es a propósito para todo hombre necio.

El perro y su sombra

Κύων κρέας ἔχουσα πόταμον διέβαινε· Θεασαμένη δὲ τὴν ἑαυτῆς σκιὰν κάτα τοῦ
ὕδατος, ὑπελάβεν ἑτέραν κύνα εἶναι, μεῖζον κρέας ἔχουσαν· διόπερ, ἀφεῖσα το ἴδιον,
ὡρμήθη ὡς τὸ ἐκείνης ἀφαιρησομένη. Συνέβη δ'αυτῇ ἀμφοτέρων στερηθῆναι, τοῦ μὲν
μὴ ἐφικομενη, διότι μηδὲ ἦν, τοῦ δ' ὅτι ὑπο τοῦ ποταμοῦ παρεσύρη.
Πρὸς ἄνδρα πλεονέκτην ὁ λόγος εὔκαιρος.

* * *

Un perro que tenía un trozo de carne, vadeaba un río. Habiendo visto
su sombra en el agua, creyó que era otro perro que tenía mayor pedazo de
carne. Por lo cual, dejando su propio trozo, hizo esfuerzos por arrebatar el
de aquél. Mas le aconteció quedarse privado de entrambos, pues el uno no
lo alcanzó, porque nada era, y el otro, porque lo arrastró el río.
Esta fábula es oportuna para el hombre avaro.

EJERCICIOS DE LECTURA GRIEGA

1. Οἱ ἰατροι τὰς τῶν ἀνθρώπων νόσους ἐκβάλλουσιν.
   Los médicos echan fuera las enfermedades de los hombres.
2. Ὄντες δίκαιοκ ἔσονται ἄριστοι.
   Los que son justos serán los mejores.
3. Ἡ σελήνη σὺν τοῖς ἀστράσιν ἐν αἰθέρι λάμπει.
   La luna junto con los astros brilla en el firmamento.
4. Τίομεν τοὺς ἀνθρώπους σοφωτάτους καὶ σωφρονηστάτος.
   Honramos a los hombres más sabios y prudentes.
5. Ἐν τούτω χρόνω ἀντί πολέμου εἰρήνην αἱρούμεζα.
   En este tiempo escogemos la paz frente a la guerra.
6. Δίκαιοι ἔσμεν καὶ ἐσόμεθα.
   Somos y seremos justos.
7. Ὀσάκις βραχεῖα ἡδονή μάκραν τίκτει λύπεν!
   ¡Cuántas veces el placer breve produce una gran tristeza!
8. Πλάτων μὲν σοφός Ἀριστοτέλης δὲ σοφώτερος ἔστιν.
   Platón ciertamente es sabio, pero más lo es Aristóteles.
9. Πολλοὶ ἄνθρωποι οὔτε ἑαυτοῖς οὔτε ἄλλοις ὠφέλιμοι εἰσιν.
   Muchos hombres no son provechosos ni para sí ni para los demás.
10. Μὴ ἐλπιζε τῷ χρόνῳ κακὸν ἔργον κρύψειν.
    No esperes que el tiempo oculte tus malas obras.

11. Πολλάκις οἱ ἄνθρωποι τοῖς ἰδίοις κακοῖς ἀλλότρια.
   Muchas veces los hombres achacan sus propios males a otros.
12. Μέλλω ὑμας ἄγειν εἰς 'Ασίαν.
   Debo conducirlos a Asia.

EJERCICIOS DE APLICACIÓN

1. En el paréntesis de la izquierda escribe "F" o "V" si lo que se te dice es falso o verdadero respectivamente.

   a) ( ) La palabra "etimología" significa estudio de las palabras.
   b) ( ) La etimología es una ciencia.
   c) ( ) La etimología es un auxiliar indispensable en el aprendizaje de cualquier lengua extranjera.
   d) ( ) La composición consiste en hacer de dos o más palabras (elementos componentes), una palabra nueva.
   e) ( ) También son palabras compuestas aquellas que están formadas de una partícula que antecede a la raíz.
   f) ( ) "Exministro", es una palabra compuesta.
   g) ( ) La palabra "ortografía", significa escritura bella.
   h) ( ) La derivación se hace mediante prefijos que se añaden a la raíz.
   i) ( ) "Cirujano" significa: "el que puede enseñar".
   j) ( ) "Cardialgia" quiere decir: estudio del corazón.

2. Escribe la palabra o palabras que faltan para completar las siguientes afirmaciones:

   a) Las palabras españolas derivadas de βιος (bíos), vida, se escriben con
   _____

   b) La palabra "ortografía", significa: _____
   _____

   c) Las palabras derivadas, siguen la escritura de las _____
   _____

   d) Todas las palabras españolas que en su origen latino tienen "f", se escriben con "_____".

e) Se escriben con "H" inicial todas las palabras españolas que se derivan de términos griegos que llevan espíritu _____

_____

f) Según Platón, las palabras imitan la naturaleza de las _____

g) Max Müller afirma que el hombre posee una especie de _____ para crear las _____ y darles _____

h) Spencer dice que el _____, deriva de una evolución lenta de la _____

i) La teoría de la _____ dice que el hombre nace sin _____ El proceso del lenguaje está sometido a la _____ y las condiciones _____ a su _____ y _____ social.

j) Según Saussure, la modificación del lenguaje está determinada por la acción del _____, que se combina con la fuerza _____

3. De la lista de la derecha selecciona la letra que corresponda a cada uno de los conceptos siguientes.

Escribe la letra dentro del paréntesis:

( ) Cambios fonéticos   a) Farmacéutico
( ) Factum   b) Nombrar
( ) Novum   c) "La cabeza de un puente"
( ) Cambios morfológicos   d) Fuente principal
( ) Cambios semánticos   e) Suprime lo innecesario de la comunicación.

( ) Átomo   f) "Indivisible"
( ) Economía verbal   g) Se refiere al cambio de significado.
( ) Es una metáfora   h) Hecho
( ) Nominare   i) Nuevo
    j) "Arrojarse de cabeza"
    k) Afectan a la estructura de la palabra.
    l) Afectan a los sonidos.
    m) Troglodita.

4. Subraya la respuesta que consideres correcta:

a) El alfabeto griego consta de:
   24 letras
   20 letras
   19 letras

b) La γ, antes de vocal, siempre tiene sonido:
   áspero
   suave
   fuerte

c) La γ antes de una letra gutural, suena como:
   una j
   una n
   una s

d) Los diptongos griegos propios son:
   ocho
   nueve
   siete

e) Los diptongos griegos resultan de la unión de una vocal:
   áspera con fuerte
   suave con áspera
   fuerte con débil.

f) La ι suscrita:
   se pronuncia como j
   no se pronuncia
   se pronuncia como l.

g) La doble λλ:
   no se pronuncia
   se pronuncia como l
   se pronuncia como ll.

h) En griego hay:
   tres acentos
   dos acentos
   un acento

i) El acento agudo indica:
   elevación
   depresión
   elevación y depresión

5. En la línea de la derecha transcribe con letras latinas los sonidos correspondientes de los signos griegos de la izquierda:

a) πρῶτος, _____

b) ἀμυγδάλη, _____

c) ἀμφίβιος, _____

d) ὀφθαλμός, _____

e) ἀνωμαλία, _____

f) ἄρκτος, _____

g) αἷμα, _____

h) οἰκία, _____

Tecnicismos y cultismos españoles derivados del griego

OBJETIVO GENERAL:

- Identificar y analizar tecnicismos y cultismos españoles derivados del griego.

OBJETIVOS PARTICULARES:

3.1. Distinguirá los conceptos: tecnicismo y cultismo.
3.2. Distinguirá los elementos morfológicos de los tecnicismos y cultismos.
3.3. Clasificará palabras, en cuya composición intervienen lexemas derivados de sustantivos, adjetivos y verbos griegos.

3.1.1. CONCEPTOS: TECNICISMO Y CULTISMO

Tecnicismo

Es todo vocablo propio de una ciencia, que ha sido formado, generalmente, a partir de elementos griegos.

Los términos que utilizan la ciencia, las artes, y la técnica en general, no están hechos al azar; su creación obedece a razones de orden, claridad, precisión, coherencia y universalidad.

Una palabra técnica, por ejemplo, "biología", puede ser identificada fácilmente en muchos idiomas conociendo su etimología.

Las variaciones que presentan algunas de estas palabras, de un idioma a otro son meramente accidentales, pero el significado es invariable. *Ejemplos:* antibiótico, geografía, clorofila, astronomía, taxonomía, microscopio, etc.

En la siguiente unidad veremos que también el Latín, aunque en menor escala, ha contribuido en la formación de tecnicismos españoles; ejemplo: ventrículo, vitamina, folículo, etc.

Cultismo

Es toda palabra que adopta cualquier idioma ya formado y constituido con el fin de incrementar su riqueza expresiva.

Tales vocablos, también llamados cultos, sufren al efecto mínimas modificaciones estructurales y, en muchos casos, conservan íntegro el lexema de las palabras del idioma original.

El español ha tomado muchos de estos términos cultos principalmente del latín y, en menor grado, del griego.

Hay que subrayar que casi a toda palabra culta, le corresponde otra llamada popular o tradicional, aunque con matices diferentes de significación.

Ejemplos:

Palabras cultas o cultismos.	*Palabras populares o tradicionales.*
Amígdala	Almendra
Ancora	Ancla
Cripta	Gruta
Laico	Lego

3.2.1. ELEMENTOS CONSTITUTIVOS DE LA PALABRA

Hemos definido ya los conceptos de "tecnicismo" y "cultismo".

El fin de toda investigación etimológica consiste en conocer el verdadero origen y significado de las palabras; esto se logra analizando cada uno de los elementos que las constituyen.

Según André Martinet la lengua es un sistema de comunicación doblemente articulado.

La primera articulación comprende todas aquellas unidades de una palabra que tienen significación propia, es decir, elementos con cierto sentido que se articulan con otros signos en una cadena hablada o escrita. A estas unidades Martinet les llama morfemas.

Los morfemas pueden ser: lexemas y gramemas.

El lexema constituye el núcleo fundamental del significado de la palabra. Algunos autores lo denominan morfema lexical, o simplemente raíz a la manera tradicional. Ejemplos: **Am**—o, **am**—ante, **am**—arías, **am**—ando, **am**—or, etc.

El gramema tiene una función meramente gramatical y nos da la idea de género, número, persona, tiempo, modo, etc.

| | Morfemas |
Lexema	Gramema
niñ	o
niñ	a
niñ	as
niñ	ito

La segunda articulación consiste en la combinación adecuada de fonemas (sonidos) para formar palabras o signos lingüísticos.

Los fonemas son elementos que no tienen significado por sí solos. Ejemplo: La palabra "Sara" podemos segmentarla en elementos sin significado: S/ + /a/ + /r/ + /a.

Con estas mismas letras podemos formar las palabras: Asar, rasa, aras, etc.

La doble articulación le da a la lengua gran economía ya que con pocos sonidos (fonemas) podemos formar un número infinito de mensajes.

En esta 3a. unidad, nuestra tarea consistirá en analizar y construir diferentes palabras (tecnicismos y cultismos) derivadas de lexemas de sustantivos, adjetivos, verbos y partículas invariables.

Nuevas reglas para formar palabras

El progreso de la ciencia exige al estudiante, al técnico y al profesionista, un dominio cada día más perfecto del lenguaje que utiliza.

Las técnicas tradicionales de formación y composición de conceptos son indudablemente muy sólidas y útiles; sin embargo, por razones de tiempo señalado a nuestro curso de Etimologías Grecolatinas, se hace necesaria la implementación de una nueva técnica, directa, sencilla, ágil y fácilmente manejable.

Deseamos que el estudiante de bachillerato vea en la Etimología una actividad verdaderamente formativa y transformadora.

En esta nueva técnica no utilizaremos los conceptos empleados tradicionalmente, tales como: sufijo, afijo, prefijo, infijo, raíz, radical, desinencia, etc.; aun menos los modernos: gramema, lexema, morfema, semantema, etc.

La técnica que a continuación se expone se basa en principios muy fáciles y comprensibles, no sólo para el estudiante de la etimología, sino también para cualquier persona que desee profundizar en el conocimiento de su idioma.

- *Primero:* Existen palabras simples y compuestas. Las primeras constan de un elemento; las segundas de dos o más elementos.

  Ejemplos:

  — *Palabras simples:* visión, cosmos, nave, etc.
  — *Palabras compuestas:* televisión, cosmovisión, cosmonave, cosmonauta, etc.

- *Segundo:* Los elementos simples se unen para formar palabras compuestas.

  Ejemplos:

  — Bio-logía forman biología.
  — Bio-grafía forman biografía.
  — Aero-bio forman aerobio, etc.

- *Tercero:* Si el elemento inicial termina en vocal y el segundo elemento o final, comienza con vocal, se pierde la vocal final del primer elemento. (segundo en algunos casos.)

  Ejemplos:

  — Cardio-elcosis forman Cardielcosis.
  — Flebo-itis forman Flebitis.
  — Espleno-algia forman Esplenalgia, etc.
  — Excepciones: Arterioesclerosis, hexaedro, afelio, clorhídrico, braquiuro, etc.

- *Cuarto:* Si el elemento "A" es seguido de otro que inicia con vocal, se intercala una "n" entre ambos para evitar un sonido desagradable.

  Ejemplos:

  — A-aero-bio forman anaerobio.
  — A-opsia forman anopsia.
  — A-odinia forman anodinia.
  — A-algesia-ico forman analgésico, etc.

- *Quinto:* Cuando dos vocales iguales se encuentran, se pierde una de ellas.

  Ejemplos:

  — Artro-odinia forman artrodinia.
  — Mio-odinia forman miodinia.
  — Masto-odinia forman mastodinia.
  — Xero-oftalmia forman xeroftalmia.

Ejercicios de aplicación

Forme términos compuestos a partir de los siguientes elementos:

1. Leuco-cito: _____
2. Leuco-emia: _____
3. Esteto-scopio: _____
4. Aero-fagia: _____
5. Fisio-ica: _____
6. Paleo-grafía: _____
7. Teo-logía: _____
8. Mio-cardio-itis: _____
9. Foto-sin-tesis: _____
10. Hidro-grafía: _____
11. A-aero-bio: _____
12. Iso-dáctilo: _____

13. Odonto-algia: _____

14. Toxo-emia: _____

15. Dis-fagia: _____

16. Antropo-morfo-ismo: _____

17. Topo-onimia: _____

18. Bronco-micosis: _____

19. Estomato-(r)ragia: _____

20. Cole-estero-ina: _____

21. Hiper-metro-opía: _____

22. Hetero-doxo: _____

23. Traquelo-tomía: _____

24. Meso-enterio: _____

25. Mio-fago: _____

26. Sin-crono-ico: _____

27. Paleo-onto-logía: _____

28. Miso-gino: _____

3.3.1. TECNICISMOS Y CULTISMOS ESPAÑOLES DERIVADOS DEL GRIEGO

Este objetivo comprende el estudio de un escogido número de vocablos españoles (técnicos y cultos) que provienen del griego.

Para su elección se ha tenido en cuenta, después de un riguroso análisis, el uso, aplicación e importancia que cada uno de estos términos tiene en el quehacer diario del estudiante.

Por lo tanto, se hace hincapié en aquellos términos griegos que, por su estructura misma, constituyen la base esencial en la formación de palabras técnicas y cultas.

La exposición de esta unidad requiere de una participación dinámica por parte del alumno. Así pues, se sugiere realizar las actividades a manera de taller. Al mismo tiempo que el profesor presenta una nueva palabra, auxiliado con material didáctico **ad hoc** (filminas, láminas, rotafolio, proyector de cuerpos opacos, etc.).

3.3.1.1. Tecnicismos y cultismos de las ciencias histórico-sociales

A continuación se enlistan los tecnicismos más importantes del área de las ciencias Histórico-sociales, mismos que ejercitarás dinámicamente en la siguiente serie de prácticas.

Acrofobia.
Agorafobia.
Anarquía.
Anglofobia.
Antropofagia.
Antropoide.
Antropología.
Antropopiteco.
Arqueología.
Aristocracia.
Autocracia.
Autonomía.
Bigamia.
Cleptomanía.
Criptografía.
Cronología.
Democracia.
Demografía.
Dipsomanía.
Etnografía.
Etnología.
Filantropía.
Filántropo.
Gerontocracia.
Ginecocracia.
Hidrofobia.
Hispanofobia.
Historiografía.
Iconolatría.
Megalomanía.
Metrópoli.
Misántropo.
Mitomanía.

Monarquía.
Monogamia.
Monolito.
Necrolatría.
Necromancia.
Neolítico.
Oligarquía.
Paleografía.
Paleontología.
Paleozoico.
Poligamia.
Política.
Pornografía.
Quiromancia.
Sinarquía.
Toxicomanía.
Xenofobia.
Zoolatría.

Módulo I

a) Observa cuidadosamente las siguientes palabras y subraya el elemento que tienen en común.

1) Paleografía
2) Demografía
3) Etnografía

4) Criptografía
5) Pornografía
6) Historiografía

b) Si subrayaste grafía estás en lo correcto. El elemento grafía proviene de __γραφή__ que significa descripción o escritura. Siempre que encuentres palabras terminadas en grafía, éstas significarán: _____

o _____ .

c) Escribe la pronunciación de las siguientes palabras griegas en los espacios en blanco.

1) __παλαιός__ , __palaiós__ , __antiguo__
2) __δῆμος__ , _____ , __pueblo__
3) __ἔθνος__ , _____ , __raza__
4) __κρύπτω__ , _____ , __oculto__
5) __πόρνη__ , _____ , __prostituta__
6) __ἱστορία__ , _____ , __historia__

d) Encuentra la palabra que corresponda del apartado anterior a cada uno de estos elementos y escríbela en el espacio en blanco.

1) historio _____ , __ἱστορία__ , __historia__
2) demo _____ , _____ , __pueblo__
3) paleo _____ , _____ , __antiguo__
4) cripto _____ , _____ , __oculto__
5) porno _____ , _____ , __prostituta__
6) etno _____ , _____ , __raza__

ECNICISMOS Y CULTISMOS ESPAÑOLES DERIVADOS DEL GRIEGO

Módulo II

a) Subraya el elemento que tienen en común las siguientes palabras:

1) Megalomanía   3) Cleptomanía
2) Mitomanía   4) Toxicomanía

b) El elemento común a todas ellas fue: _____. Manía proviene de la palabra griega _____*μανία*_____ que significa locura. Cuando encuentres en un texto palabras que terminen en manía, éstas significarán: _____ .

c) Escribe la pronunciación con letras latinas de las siguientes palabras griegas:

1) ____*μεγάλη*____ , ___*megále*___ , grande ____
2) ____*μύθος*____ , _____ , cuento ____
3) ____*κλέπτω*____ , _____ , robar ____
4) ____*τοξικός*____ , _____ , veneno ____

d) Escribe en el espacio vacío la palabra griega que corresponda a cada uno de estos elementos:

1) Tóxico ____ , *ΤΟξικός* , veneno ____
2) Mito ____ , _____ , cuento ____
3) Clepto ____ , _____ , robar ____
4) Megalo ____ , _____ , grande ____

e) Completa las definiciones o las palabras que a continuación se mencionan:

1) *megalo* manía: locura de grandeza.
2) Clepto _____: tendencia morbosa al robo.
3) _____: enfermedad mental que consiste en tomar como hechos reales cuentos o fantasías.
4) Toxicomanía: _____
_____

Módulo III

a) Todas las palabras que siguen a continuación tienen relación con el hombre. ¿Cuál elemento crees que signifique hombre? Subráyalo.

1) Antropofagia   4) Antropoide
2) Antropología   5) Misántropo
3) Antropopiteco   6) Filántropo

b) Acertaste. Antropo es el elemento que proviene de la palabra griega

_____ ἄνθρωπος _____ y significa hombre. Siempre que encuentres una

palabra con el elemento antropo se va a referir necesariamente al ___

_____ .

c) Escribe la pronunciación de las siguientes palabras griegas:

1) ___ φαγεῖν ___ , _faguein_ , devorar
2) ___ λόγος ___ , _____ , estudio o tratado
3) ___ πίθηκος ___ , _____ , mono
4) ___ εἶδος ___ , _____ , aspecto
5) ___ μισέω ___ , _____ , odiar
6) ___ φιλέω ___ , _____ , amar

d) Llena los espacios vacíos como se te sugiere.

Elemento	Palabra griega	Significado
1) Piteco	πίθηκος	mono
2) Oide		aspecto
3) Miso		
4) Filo		
5) Fagia		
6) Logía		

e) Selecciona la palabra correcta de acuerdo a sus elementos.

1) ( ) Se le llama a un simio con aspecto de hombre:

   a) Antropoide.
   b) Antropólogo.
   c) Misántropo.

2) ( ) Supuesto animal intermedio entre el hombre y el mono:

   a) Filántropo.
   b) Misántropo.
   c) Antropopiteco.

3) ( ) Persona que manifiesta una actitud de odio a la humanidad:

   a) Filántropo.
   b) Misántropo.
   c) Antropoide.

4) ( ) Disciplina filosófica que estudia las diversas manifestaciones culturales del hombre:

   a) Antropología.
   b) Antropopiteco.
   c) Antropofagia.

5) ( ) Sinónimo de canibalismo:

   a) Antropología.
   b) Antropofagia.
   c) Antropoide.

6) ( ) Persona que manifiesta una actitud de amor hacia sus congéneres:

   a) Misántropo.
   b) Filántropo.
   c) Antropoide.

Módulo IV

a) La palabra φόβος originó el elemento fobia con el significado de horror o miedo. Por ejemplo: hidrofobia (hidro = agua), acrofobia (acro = altura) y agorafobia (agora = plaza pública).

En la actualidad existen muchas palabras en las que el elemento fobia adquiere el significado de odio o aversión, por ejemplo: xenofobia (xeno = extranjero), anglofobia (anglo = inglés), hispanofobia (hispanus = español), etc. El elemento fobia se suele emplear también con frecuencia solo.

b) Escribe la palabra técnica que corresponda a las siguientes definiciones:

1) Horror al agua: _____hidrofobia_____ .

2) Miedo a las alturas: _____ .

3) Miedo al público en general: _____ .

4) Odio a los extranjeros: _____ .

5) Aversión hacia los ingleses: _____ .

6) Aversión hacia los españoles: _____ .

c) Substituye las expresiones siguientes por otras técnicas de acuerdo a lo visto.

1) Pedro tiene odio a los médicos.

_____Pedro tiene fobia a los médicos_____

2) Los niños tienen horror a los perros.

_____

3) Mi padre odia a los ingleses.

_____

4) Rebeca tiene miedo a las alturas.

_____

5) Rodrigo siente aversión hacia los españoles.

_____

Módulo V

a) Llena los espacios vacíos.

κράτος originó el elemento cracia con el significado de Gobierno. Así por ejemplo encontramos los siguientes términos: autocracia, gerontocracia y ginecocracia.

Si αὐτός (auto) significa él mismo, Autocracia significará: Gobierno ejercido por uno _____ .

Si γυναικός (gineco) significa mujer, Ginecocracia significará: _____ _____ .

Si γέροντος (geronto) significa anciano ¿qué significará Gerontocracia? _____ .

Módulo VI

¿Cómo te gustaría vivir? en monogamia, en bigamia o en poligamia.

La terminación gamia proviene de la palabra griega γάμος que significa unión o matrimonio.

Al matrimonio de un hombre con una mujer se le llama: monogamia (de μόνος = uno solo).

Al matrimonio de un hombre con dos mujeres o viceversa se le llama: bigamia (de bis = dos).

Y al matrimonio de un hombre con varias mujeres se le llama: poligamia (de πολύς = muchos).

Módulo VII

a) Llena los espacios vacíos como en los casos 1 y 2.

1) Arqueología

a) _ἀρχαῖος_ , _arjaios_ , _arqueo_ , antiguo _____

b) _λόγος_ , _lógos_ , _logía_ , estudio _____

Ciencia auxiliar de la Historia que ___*estudia*___ las reliquias ___*antiguas*___ .

2) Paleontología

a) _παλαιός_____ , _palaios__ , _paleo___ , antiguo_____
b) _ὄντος_____ , _óntos___ , _onto___ , ser_____
c) _λόγος_____ , _logos___ , _logía___ , estudio_____

Ciencia que _estudia_ los _seres_____ orgánicos de la _antigüedad_ convertidos hoy en fósiles.

3) Etnología

a) _ἔθνος_____ , _____ , etno____ , raza_____
b) _λόγος_____ , _____ , _____ , _____

_____ de las _____ .

4) Cronología

a) _χρόνος_____ , _____ , paleo___ , antiguo_____
b) _____ , _____ , logía___ , estudio_____

Ciencia que estudia los hechos históricos en orden de _____

_____ .

5) Paleozoico

a) _παλαιός_____ , _____ , _____ , antiguo_____
b) _ζῷον_____ , _____ , zoo____ , animal_____
c) _ικη_____ , _____ , ico____ , relativo a____

Epoca histórica en que aparecieron los primeros _____
_____ reptiles muy _____ .

6) Paleolítico

a) _____ , _____ , _____ , _____
b) _λίθος_____ , _____ , lito____ , piedra_____
c) _____ , _____ , ico____ , _____

Es lo _____ la Edad _____ .

7) Neolítico

   a) _____νεός_____ , _____ , neo_____ , nuevo_____

   b) _____ , _____ , _____ , piedra_____

   c) _____ , _____ , _____ , _____

   Es lo relativo a la Edad de la Piedra _____

   o pulimentada.

8) Monolito

   a) _____μόνος_____ , _____ , mono_____ , uno solo_____

   b) _____ , _____ , _____ , piedra_____

   Monumento arqueológico de una sola _____.

9) Autonomía

   a) _____αὐτός_____ , _____ , auto_____ , él mismo_____

   b) _____νόμος_____ , _____ , nomía_____ , ley_____

   Cualidad de regirse por sus propias _____.

10) Necrolatría

   a) _____νέκρος_____ , _____ , necro_____ , cadáver_____

   b) _____λατρεία_____ , _____ , latría_____ , culto o adoración_____

   _____ o _____ a los cadáveres o muertos.

11) Zoolatría

   a) _____ , _____ , zoo_____ , animal_____

   b) _____ , _____ , latría_____ , culto o adoración_____

   _____ o _____ a los animales.

12) Iconolatría

a) _____εἰκόνος_____ , _____ , ___icono___ , ___imagen___

b) _____ , _____ , _____ , _____

Culto o _____ a las _____ .

13) Necromancia

a) _____νεκρός_____ , _____ , ___necro___ , ___cadáver___

b) _____μαντεία_____ , _____ , ___mancia___ , ___adivinación___

Arte supersticioso que consiste en la _____ del

futuro evocando a los muertos o a los _____ .

14) Quiromancia

a) _____χείρ_____ , _____ , ___quiro___ , ___mano___

b) _____ , _____ , _____ , ___adivinación___

Supuesta adivinación del futuro leyendo las líneas de las _____ .

15) Anarquía

a) _____ἀ_____ , _____ , a _____ , ___sin___

b) _____ἀρχή_____ , _____ , ___arquía___ , ___gobierno___

Falta de _____ en un Estado.

16) Sinarquía

a) _____σύν_____ , _____ , _____ , ___unión___

b) _____ , _____ , _____ , ___gobierno___

_____ de Iglesia y Estado en el _____ de

una Nación.

17) Oligarquía

a) _ὀλίγος_ , _____ , oligo , pocos

b) _____ , _____ , _____ , gobierno

_____ de unos _____ .

18) Monarquía

a) _____ , _____ , _____ , uno solo

b) _____ , _____ , _____ , gobierno

_____ en manos de una _____ persona.

19) Política

a) _πολίτης_ , _____ , polita , ciudadano

b) _____ , _____ , _____ , relativo a

Arte de gobernar manteniendo el orden entre los _____

_____ .

20) Metrópoli

a) _μητρός_ , _____ , metro , madre

b) _πόλις_ , _____ , poli , ciudad

Ciudad _____ o capital de un país o Estado.

21) Dipsomanía

a) _δίψα_ , _____ , dipso , sed

b) _μανία_ , _____ , _____ , locura

_____ de _____ .

22) Democracia

a) _δῆμος_ , _____ , demo , pueblo

b) _κράτος_ , _____ , cracia , gobierno

_____ ejercido por el _____ .

23) Aristocracia

a) <u>ἄριστος</u> , _____ , aristo _____ , el mejor _____

b) _____ , _____ , _____ , _____

_____ de los _____ .

Módulo VIII

a) Escribe el significado de los siguientes elementos:

1) Demo _____   6) Filo _____

2) Paleo _____   7) Fobia _____

3) Megalo _____   8) Xeno _____

4) Clepto _____   9) Cracia _____

5) Miso _____   10) Antropo _____

b) Escribe el elemento con letra latina de las siguientes palabras:

1) Historia _*historio*_   6) Devorar _____

2) Prostituta _____   7) Mono _____

3) Veneno _____   8) Estudio o tratado _____

4) Cuento _____   9) Plaza pública _____

5) Aspecto _____   10) Agua _____

c) Escribe el significado de las siguientes palabras:

1) Autocracia _____

_____

2) Bigamia _____

_____

3) Arqueología _____

_____

4) Paleozoico _____

_____

5) Etnología _____

_____

6) Monolito _____

_____

7) Autonomía _____

_____

8) Quiromancia _____

_____

9) Oligarquía _____

_____

10) Metrópoli _____

_____

d) Escribe la palabra técnica que corresponda a cada significado.

1) _Monarquía_____: gobierno en manos de una sola persona.

2) _____: falta de gobierno en un Estado.

3) _____: culto o adoración a las imágenes.

4) _____: relativo a la Edad de piedra nueva o pulimentada.

5) _____: estudio de las razas.

6) _____: matrimonio de un hombre con una sola mujer.

7) _____: gobierno ejercido por las mujeres.

8) _____: horror al agua.

9) _____: sinónimo de canibalismo.

10) _____: locura de grandeza.

11) _____: tendencia morbosa a ingerir substancias venenosas.

12) _____: arte de leer la escritura antigua.

13) _____: descripción de las razas.

14) _____: escritura en clave o secreta.

15) _____: tendencia morbosa al robo.

e) Observa las siguientes proposiciones donde se utilizan los tecnicismos estudiados. Redacta otra semejante para cada uno de ellos.

1) Monarquía
   Existen en Europa varios países cuyo régimen está constituido por una monarquía.

   _____

   _____

2) Oligarquía
   La oligarquía es un sistema de gobierno muy injusto.

   _____

   _____

3) Necrolatría
   En México se practica la necrolatría.

   _____

   _____

4) Cleptomanía
   La cleptomanía es severamente castigada por nuestras leyes.

   _____

   _____

5) Megalomanía
   Probablemente Hitler padecía megalomanía.

   _____

   _____

6) Metrópoli
   La metrópoli mexicana se ha convertido en un monstruo.

   _____

   _____

7) Demografía
   México no posee un informe completo de la demografía del país.

   _____

   _____

8) Pornografía
   En nuestro medio es frecuente encontrar revistas con un alto grado de pornografía.

   _____

   _____

9) Antropofagia
En la antigüedad se practicaba la antropofagia.

10) Hidrofobia
Algunos niños padecen hidrofobia.

3.3.1.2. Tecnicismos y cultismos más usuales del área físico-matemática

Aerodinámica
Aerolito
Aeronáutica
Aerostática
Afelio
Agrología
Agronomía
Antártico
Apogeo
Aritmética
Ártico
Astrología
Astronauta
Astronomía
Atmósfera
Barómetro
Ciclón
Cósmico
Cosmografía
Cosmología
Cosmonauta
Decaedro
Decágono
Díada
Dinámica
Dodecaedro
Dodecágono
Electrodinámica
Electrólisis
Electrónica
Electrostática

Endecaedro
Endecágono
Eneaedro
Eneágono
Epicentro
Física
Fotón
Fotósfera
Geocéntrico
Geofísica
Geología
Geometría
Hectogramo
Hectómetro
Heliocéntrico
Heliografía
Helioscopio
Hemiciclo
Hemisferio
Heptaedro
Heptágono
Hexaedro
Hexágono
Hidrodinámica
Hidrografía
Hidrólisis
Hidrostática
Icosaedro
Icoságono
Kilogramo

Kilómetro
Macrocosmo(s)
Mecánica
Mesopotamia
Microcosmo(s)
Microscopio
Miríada
Náutica
Neumática
Octaedro
Octágono
Orografía
Orometría
Pentaedro
Pentágono
Perigeo
Perihelio

Perímetro
Potamografía
Protón
Selenografía
Selenio
Sismo
Sismografía
Sismología
Sismómetro
Telegrafía
Telescopio
Termodinámica
Termólisis
Termómetro
Tetraedro
Tríada
Trinomio

Módulo I

a) Escribe la pronunciación de las siguientes palabras griegas como se te sugiere:

1) $\dot{\alpha}\dot{\eta}\rho$:   *aer*   , aire.

2) $\dot{\alpha}\tau\mu\acute{o}s$:   *átmos*   , vapor.

3) $\delta\acute{\nu}\nu\alpha\mu\iota s$:   *dínamis*   , fuerza, movimiento.

4) $\dot{\eta}\lambda\epsilon\kappa\tau\rho\sigma\nu$: _____ , electricidad.

5) $\theta\acute{\epsilon}\rho\mu\eta$: _____ , calor.

6) $\iota\kappa\acute{\eta}$: _____ , relativo a la ciencia de.

7) $\H{\iota}\sigma\tau\eta\mu\iota$: _____ , estar ahí, reposar.

8) $\lambda\acute{\iota}\vartheta\sigma s$: _____ , piedra.

9) $\lambda\acute{\nu}\sigma\iota s$: _____ , disolución.

10) $\nu\alpha\acute{\nu}\tau\epsilon s$: _____ , navegante.

11) $\sigma\varphi\alpha\tilde{\iota}\rho\alpha$: _____ , esfera.

12) $\varphi\acute{\epsilon}\rho\omega$: _____ , llevar.

13) $\varphi\tilde{\omega}s$, $\varphi\omega\tau\acute{o}s$: _____ , _____ , luz.

b) Completa los siguientes enunciados:

1) _____ἀήρ_____ forma palabras que llevan aero.

2) _____ἀτμός_____ forma palabras que llevan atmo.

3) _____ forma palabras que llevan dina, dinamo.

4) _____ forma palabras que llevan electro.

5) _____ forma palabras que llevan termo.

6) _____ forma palabras que llevan ico-ica.

7) _____ forma palabras que llevan stato.

8) _____ forma palabras que llevan lito.

9) _____ forma palabras que llevan lisis.

10) _____ forma palabras que llevan nauta.

11) _____ forma palabras que llevan esfer, esfera.

12) _____ forma palabras que llevan fero.

13) _____ forma palabras que llevan foto.

c) Escribe los elementos que conforman las siguientes palabras:

1) Náutica _____ nauta / ica

2) Aeronáutica _____ aero / nauta / ica

3) Aerostática _____ aero / stato / ica

4) Aerodinámica _____

5) Aerolito _____

6) Dinámica _____

7) Electrostática _____

8) Electrodinámica _____

9) Electrónica _____

10) Fotón _____

11) Atmósfera _____

12) Termodinámica _____

13) Atmosférico _____

14) Termólisis _____

15) Fotósfera _____

d) Completa las siguientes definiciones:

1) Náutica: _ciencia_ de la navegación.

2) Aeronáutica: _____ de la navegación por _____.

3) Aerostática: _____ que estudia los gases en reposo.

4) Aerolito: _____ que cae del _____.

5) Dinámica: _____ que estudia el movimiento de las fuerzas.

6) Dinamita: substancia de gran _____ explosiva.

7) _____: ciencia que estudia la electricidad en movimiento.

8) Electrónica: ciencia que estudia todo lo concerniente a la conducción de la _____ en el vacío.

9) _____: partícula subatómica que constituye la luz.

10) Atmósfera: capa de vapor que rodea la _____ terrestre.

11) Termodinámica: ciencia que estudia la _____ producida por el _____.

12) _____: adjetivo relativo a la atmósfera.

13) Termólisis: _____ por medio del _____.

14) Fotósfera: _____ de luz. Atmósfera del sol.

15) Aerodinámica: ciencia que estudia lo concerniente al _____ de los cuerpos en el _____.

e) Traduce al lenguaje técnico las siguientes expresiones; sigue como ejemplo el No. 1:

1) La capa de vapor que envuelve la esfera terrestre está cada vez más contaminada debido a los gases nocivos que expelen muchas fábricas en el mundo.

   La atmósfera está cada vez más contaminada debido a los gases nocivos que expelen muchas fábricas en el mundo.

2) La ciencia de la navegación aérea está siendo desarrollada sobre todo por los países altamente industrializados.

_____

3) Para observar la atmósfera del sol se requieren instrumentos de alta precisión.

_____

4) En la siderurgia es muy empleada la disolución por medio del calor.

_____

5) La ciencia actual ha comprobado que las partículas de luz tienen un lapso de duración muy corto.

_____

_____

_____

_f_) Redacta un enunciado con cada uno de estos términos:

1) Náutica: _____

_____

2) Aerolito: _____

_____

3) Electrónica: _____

_____

4) Dinamita: _____

_____

5) Termólisis: _____

_____

_____

g) Escribe dentro del paréntesis "B" si la palabra técnica está bien utilizada o "M" si está mal utilizada.

1) (   ) La fotósfera terrestre está muy contaminada.
2) (   ) Los procesos termolíticos son muy peligrosos si no se tiene el equipo adecuado.
3) (   ) Según la termodinámica en toda transformación se pierde energía.
4) (   ) El avión tiene un diseño aerodinámico.
5) (   ) Roberto compró un radio aerostático.

Módulo II

a) Escribe la pronunciación latina de las siguientes palabras griegas. Observa los números 1, 2 y 3.

1) _____βαρύς_____ : _____barís_____ , pesado o grave.

2) _____γῆ_____ : _____gue_____ , tierra.

3) _____γραφῆ_____ : _____grafé_____ , escritura o descripción.

4) _____κόσμος_____ : _____ , mundo, adorno.

5) _____λόγος_____ : _____ , estudio, tratado.

6) _____μακρός_____ : _____ , grande.

7) _____μέτρον_____ : _____ , medida.

8) _____μικρός_____ : _____ , pequeño.

9) _____σεισμός_____ : _____ , terremoto, sismo.

10) _____σελήνη_____ : _____ , luna.

11) _____φύσις_____ : _____ , naturaleza.

12) _____ὕδωρ_____ , _____ὕδατος_____ : _____ , _____ , agua.

b) Llena los espacios vacíos como se te muestra en los Nos. 1, 2 y 3.

1) _____βαρύς_____ forma palabras que llevan baro.

2) _γῆ_____ forma palabras que llevan geo.

3) _γραφῆ____ forma palabras que llevan grafo-grafía.

4) _____ forma palabras que llevan cosmo.

5) _____ forma palabras que llevan logo-logía.

6) _____ forma palabras que llevan macro.

7) _____ forma palabras que llevan metro-metría.

8) _____ forma palabras que llevan micro.

9) _____ forma palabras que llevan sismo.

10) _____ forma palabras que llevan seleno.

11) _____ forma palabras que llevan hidro.

12) _____ forma palabras que llevan fisis, fisio.

c) Escribe los elementos que conforman las siguientes palabras técnicas.

1) Cosmografía _____ *cosmo / grafía* _____

2) Cosmología _____ *cosmo / logía* _____

3) Cosmonauta _____ *cosmo / nauta* _____

4) Cósmico _____

5) Cosmológico _____

6) Cosmólogo _____

7) Microcosmo(s) _____

8) Macrocosmo(s) _____

9) Sismo _____

10) Sísmico _____

11) Sismografía _____

12) Sismología _____

13) Sismómetro _____

14) Geología _____

15) Geólogo _____

16) Geológico _____

17) Geografía _____

18) Geógrafo _____

19) Geográfico _____

20) Geometría _____

21) Geómetra _____

22) Geométrico _____

23) Geofísica _____

24) Física _____

25) Físico _____

26) Hidrografía _____

27) Hidrodinámica _____

28) Hidrostática _____

29) Hidrólisis _____

30) Electrólisis _____

31) Termómetro _____

32) Barómetro _____

33) Selenografía _____

34) Selenio _____

35) Hidrográfico _____

d) Completa las siguientes definiciones:

1) Cosmografía: _Descripción_ astronómica del mundo.

2) Cosmología: Ciencia que estudia leyes del _mundo_.

3) Cosmonauta: _____ o viajero del mundo.

4) _____: Relativo al mundo.

5) _____: Relativo a la cosmología.

6) Cosmólogo: Persona especializada en la _____.

7) _____: Mundo pequeño.

8) Macrocosmos: Mundo _____ o universo.

9) _____: movimiento de la Tierra o terremoto.

10) _____: relativo a un terremoto o sismo.

11) Sismografía: _____ de los _____.

12) Sismología: ciencia que estudia los _____.

13) Sismómetro: aparato para _____ la fuerza de las oscilaciones de un _____.

14) Geología: ciencia que estudia formación de las capas de la _____ _____.

15) Geografía: _____ de la _____.

16) Geólogo: persona especializada en _____.

17) _____: relativo a la geología.

18) _____: persona especializada en geografía.

19) Geográfico: _____ a la _____.

20) Geometría: _____ que trata de las propiedades y medidas de la extensión.

21) _____: relativo a la geometría.

22) Geómetra: persona que ha postulado una teoría _____ _____.

23) Geofísica: ciencia de las propiedades físicas de la _____.

24) Física: ciencia que estudia las leyes y propiedades de los fenómenos de la _____.

25) _____: relativo a la física. Persona especializada en la física.

26) Hidrografía: ciencia que describe las condiciones físicas, químicas y fisiológicas de las _____.

27) Hidrodinámica: parte de la física que estudia los líquidos en _____ _____.

28) _____: parte de la física que estudia los líquidos en reposo.

29) Hidrólisis: disolución por medio del _____.

30) Electrólisis: disolución por medio de la _____.

31) Termómetro: aparato para _____ el grado de _____ de un cuerpo.

32) Barómetro: aparato para _____ la presión (peso) atmosférica.

33) _____: descripción de la luna.

34) Selenio: metaloide de color que se asemeja al resplandor de la _____ _____ .

35) _____: relativo a la hidrografía.

e) Completa la palabra de acuerdo a la definición que se te ofrece. Observa los Nos. 1 y 2.

1) Cosmo ___*grafía*___: descripción astronómica del mundo.

2) ___*Geo*___ grafía: descripción de la Tierra.

3) Geométr _____: relativo a la geometría.

4) Hidro _____: estudia los líquidos en movimiento.

5) _____ stática: estudia los líquidos en reposo.

6) _____ lisis: disolución de un cuerpo por medio de la electricidad.

7) Termó _____: instrumento para medir el calor o la temperatura de un cuerpo.

8) _____ cosmos: mundo pequeño.

9) Macro _____: mundo grande.

10) _____ logía: ciencia que estudia los sismos.

f) Utiliza la palabra técnica para cada proposición según su contexto. Observa el No. 1.

1) Los ___*cosmonautas*___ viajaron al espacio sin ningún contra—tiempo.

— Cosmonautas.
— Viajeros.
— Tripulantes.

2) En los laboratorios químicos se usa frecuentemente la _____

_____ .

— Sismografía.
— Cosmología.
— Electrólisis.

3) Para conocer el grado de temperatura de un enfermo los médicos utilizan el _____ .

— Barómetro.
— Sismógrafo.
— Termómetro.

4) Voy a estudiar _____ para conocer la formación de las diferentes capas de la Tierra.

— Geometría.
— Selenografía.
— Geología.

5) En el _____ existen, según algunos científicos, partículas diminutas cuya masa es casi cero.

— Microcosmos.
— Macrocosmos.
— Fotón.

g) Redacta una proposición con los siguientes tecnicismos:

1) Geólogo: _____

_____

2) Geometría: _____

_____

3) Selenio: _____

_____

4) Cosmonauta: _____

_____

5) Geográfico: _____

_____

h) Selecciona la respuesta correcta.

1) (   ) Ciencia que trata las propiedades y medidas de la extensión:

  a) Geología.
  b) Cosmología.
  c) Geometría.

2) (   ) Parte de la Física que estudia los líquidos en reposo:

  a) Hidrostática.
  b) Hidrodinámica.
  c) Hidrografía.

3) (   ) Disolución por medio del calor:

  a) Electrólisis.
  b) Hidrólisis.
  c) Termólisis.

4) (   ) Estudia las propiedades físicas de la Tierra:

  a) Geometría.
  b) Geofísica.
  c) Física.

5) (   ) Adjetivo relativo al mundo:

  a) Cósmico.
  b) Geológico.
  c) Sísmico.

Módulo III

a) Escribe la pronunciación de las siguientes palabras griegas como se te sugiere en los Nos. 1, 2 y 3.

  1) ___ἀγρός___ : ___agrós___ , campo.
  2) ___ἄστρον___ : ___astron___ , astro.

3) __ἀπό__ : __apó__ , lejos.

4) __ἥλιος__ : _____ , sol.

5) __κέντρον__ : _____ , centro.

6) __κύκλος__ : _____ , círculo.

7) __μέσος__ : _____ , en medio.

8) __νόμος__ : _____ , ley.

9) __σκοπέω__ : _____ , observar.

10) __τῆλε__ : _____ , lejos.

11) __ποταμός__ : _____ , río.

b) Llena los espacios vacíos. Observa los Nos. 1, 2 y 3.

1) __ἀγρός__ forma palabras que llevan agro.

2) __ἄστρον__ forma palabras que llevan astro.

3) __ἀπό__ forma palabras que llevan apo-af.

4) _____ forma palabras que llevan helio.

5) _____ forma palabras que llevan centro.

6) _____ forma palabras que llevan ciclo.

7) _____ forma palabras que llevan meso.

8) _____ forma palabras que llevan nomo-nomía.

9) _____ forma palabras que llevan scopio-scopía.

10) _____ forma palabras que llevan potamo-potamía.

11) _____ forma palabras que llevan tele.

c) Escribe los elementos de las siguientes palabras técnicas:

1) Heliografía __helio / grafía__

2) Afelio __af / helio__

3) Heliocéntrico __helio / centro / ico__

4) Geocéntrico _____

5) Helioscopio _____

  6) Microscopio _____

  7) Telescopio _____

  8) Ciclón _____

  9) Telegrafía _____

 10) Telégrafo _____

 11) Agrología _____

 12) Agronomía _____

 13) Agrónomo _____

 14) Astronomía _____

 15) Astronómico _____

 16) Astrónomo _____

 17) Astronauta _____

 18) Astrología _____

 19) Potamografía _____

 20) Mesopotamia _____

 21) Apogeo _____

d) Completa las siguientes definiciones:

  1) Apogeo: Punto en el que la luna se halla más ___*alejada*___ de

  la ___*Tierra*___.

  2) Helioscopio: aparato propio para ___*observar*___ el ___*sol*___.

  3) Microscopio: aparato que sirve para _____ objetos

  _____.

  4) Mesopotamia: región situada _____ de los _____

  ____ Tigris y Eufrates.

  5) Afelio: punto de la órbita de un planeta más alejado del _____

  _____.

  6) Potamografía: _____ de los _____.

  7) Ciclón: viento huracanado en forma de _____.

8) Astronomía: ciencia que estudia las _____ de los _____ .

9) Heliocéntrico: se aplica a medidas astronómicas tomando como referencia el _____ del _____ .

10) Geocéntrico: relativo al _____ de la _____ .

11) Heliografía: descripción astronómica del _____ .

12) Telescopio: aparato para _____ a distancias muy lejanas.

13) _____ : comunicación escrita con signos convencionales a larga distancia.

14) _____ : aparato que utiliza la telegrafía.

15) _____ : sinónimo de cosmonauta.

16) _____ : persona especializada en astronomía.

17) Astronómico: relativo a la _____ .

18) _____ : arte de adivinar la suerte por el estudio de la posición de los astros.

19) Agrología: _____ del _____ .

20) _____ : estudio de las leyes del campo.

21) _____ : persona especializada en agronomía.

e) Selecciona una palabra de las sugeridas para completar la proposición:

1) La concepción *heliocéntrica* de Copérnico ya fue superada por la ciencia actual ya que el sol no es el centro del universo.

    — Heliocéntrica.
    — Antropocéntrica.
    — Teocéntrica.

2) Ayer observamos el sol con el _____ .

    — Microscopio.
    — Helioscopio.
    — Barómetro.

3) La región de _____, situada entre los ríos Tigris y Eufrates, fue centro de antiguas civilizaciones.

- — Mesoamérica.
- — Mesopotamia.
- — Los Alpes.

4) Los _____ con frecuencia destruyen ciudades enteras por la enorme fuerza de sus vientos en forma de círculo.

- — Terremotos.
- — Maremotos.
- — Sismos.
- — Ciclones.

5) El _____ es muy empleado en la astronomía.

- — Telégrafo.
- — Microscopio.
- — Telescopio.

Módulo IV

a) Escribe la pronunciación de las siguientes palabras griegas:

1) ἀριθμός   : *arithmos*, número.

2) ἄρκτος   : *arktos*, osa.

3) ἀντί   : _____, contra, enfrente.

4) ἐπί   : _____, sobre, después de.

5) ἥμι   : _____, mitad.

6) μηχάνη   : _____, máquina.

7) ὄρος   : _____, montaña.

8) περί   : _____, alrededor.

9) πνεῦμα   : _____, soplo, aire.

10) σίδηρος   : _____, hierro.

11) ἔργον   : _____, trabajo.

b) Escribe la palabra griega que originó los siguientes elementos:

1) Peri _____ πέρι _____, alrededor.
2) Anti _____ ἀντί _____, contra, enfrente.
3) Epi _____, sobre, después de.
4) Oro _____, montaña.
5) Neuma _____, soplo.
6) Mecano _____, máquina.
7) Sidero _____, hierro.
8) Urgia _____, trabajo.
9) Hemi _____, mitad.
10) Arti _____, osa.
11) Aritmo _____, número.

c) Escribe el elemento correspondiente a cada una de estas palabras:

1) Trabajo _____ urgia _____
2) Hierro _____ sidero _____
3) Soplo, aire _____
4) Alrededor _____
5) Montaña _____
6) Máquina _____
7) Mitad _____
8) Sobre, después de _____
9) Contra, enfrente _____
10) Osa _____
11) Número _____

d) Completa las siguientes definiciones:

1) Hemisferio: Se le llama así a la _____ mitad _____ de la esfera terrestre.
2) Hemiciclo: Sinónimo de semicírculo, o bien, la _____ mitad _____ de un _____ círculo _____.
3) Ártico: relativo al polo próximo a la _____ mayor o al norte.
4) Antártico: relativo al polo opuesto al _____.
5) Orografía: parte de la Geografía que hace una _____ de las _____.

6) Orometría: ciencia que establece la _____ de las _____

   _____ .

7) Epicentro: _____ superficial sobre el que más afecta un fenómeno sísmico.

8) Perímetro: _____ alrededor de una figura.

9) Perigeo: punto de la órbita de la luna más cercano a la _____

   _____ .

10) Perihelio: punto de la órbita de un planeta más cercano al _____

    _____ .

11) Mecánica: ciencia de las _____ y su funcionamiento.

12) Neumática: ciencia que estudia las propiedades del _____ y otros gases.

13) Aritmética: _____ de los _____ .

Módulo V

a) Escribe la pronunciación de las siguientes palabras griegas:

1) ____πρῶτος____ , _____ , primero.

2) ____δύο____ , _____ , dos.

3) ____τρεῖς____ , _____ , tres.

4) ____τετράς____ , _____ , cuatro.

5) ____πέντε____ , _____ , cinco.

6) ____ἕξ____ , _____ , seis.

7) ____ἑπτά____ , _____ , siete.

8) ____ὀκτώ____ , _____ , ocho.

9) ____ἐννέα____ , _____ , nueve.

10) ____δέκα____ , _____ , diez.

11) ____ἕνδεκα____ , _____ , once.

12) ____δώδεκα____ , _____ , doce.

13) ____εἴκοσι____ , _____ , veinte.

14) ἕκατον _____, _____, cien.

15) __χίλιοι_____, _____, mil.

16) __μύριοι_____, _____, diez mil.

17) __γωνία_____, _____, ángulo.

18) __ἕδρα_____, _____, cara, lado.

19) __γράμμα_____, _____, gramo.

b) Escribe la palabra griega que originó los siguientes elementos:

1) Proto, _____, primero.

2) Di-du, _____, dos.

3) Tri, _____, tres.

4) Tetra, _____, cuatro.

5) Penta, _____, cinco.

6) Hexa, _____, seis.

7) Hepta, _____, siete.

8) Octo, octa, _____, ocho.

9) Enea, _____, nueve.

10) Deca, _____, diez.

11) Endeca, _____, once.

12) Dodeca, _____, doce.

13) Icosa, _____, veinte.

14) Hecto, _____, cien.

15) Kilo, _____, mil.

16) Miria, _____, diez mil.

17) Gono, _____, ángulo.

18) Gramo, _____, gramo.

c) Escribe los elementos que conforman las siguientes palabras con su significación:

1) Protón ___*proto : primero*___

2) Diada ___*di : dos*___

3) Tríada _____

4) Trinomio _____

5) Tetraedro _____

6) Pentaedro _____

7) Pentágono _____

8) Hexágono _____

9) Hexaedro _____

10) Heptaedro _____

11) Heptágono _____

12) Octágono _____

13) Octaedro _____

14) Eneágono _____

15) Decágono _____

16) Decaedro _____

17) Endecágono _____

18) Dodecaedro _____

19) Icosaedro _____

20) Icoságono _____

21) Hectómetro _____

22) Hectogramo _____

23) Kilómetro _____

24) Kilogramo _____

25) Miríada _____

d) Llena los espacios vacíos:

1) *Protón* _____: parte del átomo con carga positiva.

2) *Díada* _____: conjunto de 2 elementos.

3) *Tríada* _____: conjunto de 3 elementos.

4) _____: expresión algebraica de 3 términos.

5) _____: figura de 4 caras o lados.

6) _____: figura de 5 lados.

7) _____: figura de 5 ángulos.

8) _____: figura de 6 ángulos.

9) _____: figura de 6 lados.

10) _____: figura de 7 lados.

11) _____: figura de 7 ángulos.

12) _____: figura de 8 ángulos.

13) _____: figura de 8 lados.

14) _____: figura de 9 ángulos.

15) _____: figura de 10 ángulos.

16) _____: figura de 10 lados.

17) _____: figura de 11 ángulos.

18) _____: figura de 12 lados.

19) _____: figura de 20 lados.

20) _____: figura de 20 ángulos.

21) _____: unidad de cien metros.

22) _____: unidad de cien gramos.

23) _____: unidad de mil metros.

24) _____: unidad de mil gramos.

3.3.1.3. Tecnicismos y cultismos del área económico-administrativa

Acéfala
Anónima
Autonomía
Economía
Económico
Emporio
Heterogéneo

Homogéneo
Mecanografía
Monopolio
Sindicato
Taquigrafía
Telegrafía

Módulo I

a) Llena los espacios vacíos como en los ejemplos 1 y 2:

1) Economía

Palabra griega	Pronunciación	Elemento	Significado
a) οἶκος	*oicos*	eco	casa
b) νόμος	*nómos*	nomía	ley

Ciencia que estudia las __*leyes*__ de la administración de los bienes.

La __*economía*__ es el único medio para formar fortuna.

2) Económico

a) οἶκος	*oicos*	*eco*	casa
b) νόμος	*nomos*	*nomo*	ley
c) ική	*iké*	*ico*	relativo a

__*Relativo*__ a la __*economía*__ .

El problema más agudo de los países subdesarrollados es de carácter __*económico*__ .

3) Emporio

a) ἐμπόριον , _____ , __*emporio*__ , centro de comercio _____ de diversas naciones o pueblos.

Nueva York es el _____ más importante del mundo.

4) Monopolio

 a) ___μόνος___ , _____ , mono_____ , uno solo_____

 b) ___πωλέω___ , _____ , polio_____ , vender_____

Aprovechamiento exclusivo de una sola persona o empresa al _____ _____ una determinada mercancía.

Gómez encabeza el _____ del azúcar en Jalisco.

5) Mecanografía

 a) ___μηχάνη___ , _____ , mecano_____ , máquina_____

 b) ___γραφή___ , _____ , grafía_____ , escritura_____

_____ realizada por medio de una _____.

En las áreas administrativas llevaré un curso de _____ _____.

6) Taquigrafía

 a) ___ταχύς___ , _____ , taqui_____ , rápido_____

 b) _____ , _____ , _____ , _____

_____, _____ por medio de signos.

La secretaria del gerente domina la _____.

7) Telegrafía

 a) ___τῆλε___ , _____ , _____ , lejos_____

 b) _____ , _____ , _____ , _____

Transmisión de mensajes _____ a larga distancia por medio de señales convencionales.

La _____ es un medio muy eficaz de comunicación entre diversas empresas comerciales.

8) Heterogéneo

 a) _ἕτερος_____ , _____ , hetero_____ , otro_____
 b) _γένος_____ , _____ , géneo_____ , género

De _____ _____ .

Participa en esta empresa un grupo muy _____

de accionistas.

9) Homogéneo

 a) _ὁμός_____ , _____ , homo_____ , semejante_____
 b) _____ , _____ , _____ , _____

De _____ _____ .

Forman un grupo _____ los trabajadores de esta institución.

10) Anónima

 a) ____a_____ , _____ , a (n)_____ , sin_____
 b) _ὄνομα_____ , _____ , ónima_____ , nombre

_____ _____ .

Muchas empresas se registran como sociedades _____

_____ .

11) Sindicato

 a) _σύν_____ , _____ , sin_____ , unión_____
 b) _δίκη_____ , _____ , dica_____ , justicia

_____ de trabajadores para defender con _____

sus derechos laborales.

En todas las empresas debería existir un _____ para vigilar

por los intereses del trabajador.

12) Acéfala

a) _____ , _____ , _____ , sin _____

b) κεφαλή , _____ , céfala , cabeza _____

_____ _____ .

El gerente falleció; por tanto, la empresa está _____ .

13) Autonomía

a) αὐτός , _____ , auto , él mismo _____

b) νόμος , _____ , _____ , ley _____

Cualidad de regirse por sus propias _____ .

Todas las instituciones gozan de cierta _____ .

b) Escribe el significado de los siguientes elementos:

1) Eco _casa_ 11) Tele _____

2) Nomo-Nomía _____ 12) Homo _____

3) Céfalo _____ 13) Hétero _____

4) Auto _____ 14) Grafía _____

5) Sin _____ 15) Géneo _____

6) Onima _____ 16) Ico _____

7) Emporio _____ 17) Taqui _____

8) Polio _____ 18) A _____

9) Mono _____ 19) Mecano _____

10) Dica _____ 20) Nomía _____

c) Escribe el elemento que corresponda a cada uno de los siguientes términos:

1) Lejos _tele_ 4) Vender _____

2) Él mismo _____ 5) Lugar de comercio _____

3) Uno solo _____ 6) Nombre _____

7) Unión _____

8) Justicia _____

9) Cabeza _____

10) Ley _____

11) Casa _____

12) Otro _____

13) Máquina _____

14) Sin _____

15) Rápido _____

16) Relativo a _____

17) Género _____

18) Escritura _____

19) Distinto _____

20) Semejante _____

d) Escribe los elementos y el significado.

1) Economía

a) _____eco_____ _____casa_____
b) _____nomía_____ _____ley_____

2) Autonomía

a) _____ _____
b) _____ _____

3) Acéfala

a) _____ _____
b) _____ _____

4) Anónima

a) _____ _____
b) _____ _____

5) Emporio

a) _____ _____

6) Económico

a) _____ _____
b) _____ _____
c) _____ _____

7) Monopolio

a) _____ _____
b) _____ _____

8) Mecanografía

a) _____ _____
b) _____ _____

9) Taquigrafía

a) _____ _____
b) _____ _____

10) Heterogéneo

a) _____ _____
b) _____ _____

11) Homogéneo

    a) _____ _____

    b) _____ _____

12) Sindicato

    a) _____ _____

    b) _____ _____

13) Telegrafía

    a) _____ _____

    b) _____ _____

e) Redacta una frase diferente con cada una de las siguientes palabras:

1) Emporio _____

_____

2) Monopolio _____

_____

3) Económico _____

_____

4) Mecanografía _____

_____

5) Acéfala _____

_____

6) Autonomía _____

_____

7) Anónima _____

_____

8) Heterogéneo _____

_____

9) Telegrafía _____

_____

10) Sindicato _____

_____

3.3.1.4. Tecnicismos y cultismos de las disciplinas filosóficas

Agnosticismo
Agnóstico
Ahistórico
Amorfa
Análisis
Analítico
Antilogia
Antítesis
Antropofilia
Antropología
Antropológico
Antropomorfismo
Antropomorfo
Aristotelismo
Ateísmo
Ateo
Atomismo
Átomo
Axiología
Axiológico
Heterodoxo
Hilemorfismo
Hilemorfista
Hipótesis
Histórico
Historiografía
Historiográfico
Iconólatra
Iconolatría
Idea
Idealismo
Idealista
Ideología
Kantismo
Leninismo
Maoísmo
Marxismo
Marxista
Mecanicismo
Mecanicista

Categoría
Categórico
Cósmico
Cosmogénesis
Cosmografía
Cosmología
Cosmológico
Cosmólogo
Crítica
Criticismo
Deontología
Dialéctica
Diálogo
Dogma
Dogmático
Dogmatismo
Ecléctico
Eclecticismo
Egoísmo
Ególatra
Empiria
Mecánico
Metafísica
Método
Metodología
Misticismo
Místico
Mítico
Mitología
Monoteísmo
Óntico
Ontología
Ontológico
Organon
Ortodoxo
Parábola
Pitagorismo
Platonismo
Polimorfo
Politeísmo
Politeísta

Empírico
Empirismo
Energetismo
Energía
Epicureísmo
Epistemología
Epistemológico
Escepticismo
Esotérico
Estoicismo
Estoico
Ética
Eudemonismo
Exotérico
Filosofía
Filosófico
Física
Hedonismo
Hedonista
Hegelianismo
Pragmático
Pragmatismo
Praxis
Psicoanálisis
Silogismo
Síntesis
Tautología
Teleología
Teodicea
Teología
Teológico
Teosofía
Tesis
Utopía
Utópicos
Utopistas

Módulo I

a) Lee junto con tu maestro las siguientes palabras griegas y su significado:

1) ἄξιος _____ : valor.
2) γνῶσις _____ : conocimiento.
3) ἐπιστήμη _____ : conocimiento.
4) θεός _____ : Dios.
5) ἰδέα _____ : idea.
6) μύθος _____ : cuento, fábula.
7) μορφή _____ : forma.
8) −ἰσμος _____ : doctrina, sistema.
9) −ιστής _____ : seguidor, prosélito.
10) γραφη _____ : descripción, escritura, signo.

b) Escribe en los espacios vacíos la pronunciación de cada palabra como se te indica en los Nos. 1 y 2.

1) ἄξιος : *axios*
2) γνῶσις : *gnosis*
3) ἐπιστήμη : _____
4) θεός : _____
5) ἰδέα : _____
6) μύθος : _____
7) μορφή : _____
8) −ἰσμος : _____
9) −ιστής : _____
10) γραφή : _____

c) Escribe la palabra griega que originó cada uno de los siguientes elementos:

1) Axio: ἄξιος
2) Gnoseo-gnosto: γνῶσις
3) Epistemo: _____
4) Teo: _____
5) Idea-ideo: _____
6) Mito: _____
7) Morfo-morfía: _____
8) Ismo: _____
9) Ista: _____
10) Grafo-grafía: _____

d) Separa los elementos que forman cada una de estas palabras. Observa los ejemplos 1 y 2.

1) Antropomorfismo: *antropo/morfo/ismo*

2) Antropología: *antropo / logía*

3) Antropológico: _____

4) Antropomorfo: _____

5) Axiología: _____

6) Axiológico: _____

7) Agnóstico: _____

8) Epistemología: _____

9) Epistemológico: _____

10) Ateo: _____

11) Ateísmo: _____

12) Cosmología: _____

13) Cosmografía: _____

14) Cósmico: _____

15) Ideología: _____

16) Idealismo: _____

17) Mítico: _____

18) Mitología: _____

19) Agnosticismo: _____

20) Idealista: _____

e) Completa las siguientes definiciones:

1) El antropomorfismo es una doctrina filosófica que atribuye a Dios forma de ___*hombre*___.

2) La antropología es una disciplina filosófica que estudia al *hombre* en todas sus manifestaciones culturales.

3) Antropológico: Relativo a la ___*antropología*___.

4) Antropomorfo: Que tiene forma de _____.

5) La _____ es el estudio de los valores en general.

6) Agnóstico: Persona que niega toda posibilidad de _____.

7) La Epistemología es una parte de la Filosofía que estudia el _____
_____.

8) Son _____ todos aquellos que niegan la existencia de Dios.

9) El ateísmo es un _____ filosófico que niega la existencia de Dios.

10) La cosmología es un _____ sistemático del mundo.

11) La ciencia que hace una descripción astronómica del mundo recibe el nombre de _____.

12) Cósmico: Relativo al _____.

13) El Idealismo es una _____ filosófica que afirma la primacía de las _____.

14) La mitología es un conjunto de _____.

15) El agnosticismo es una _____ filosófica que niega el _____.

16) La doctrina del idealismo afirma que primero son las _____ y después la realidad material.

f) Escribe dentro del paréntesis la respuesta correcta.

1) (*b*) Estudio de las formas en general.

    a) Mórfico.
    b) Morfología.
    c) Amorfo.
    d) Morfina.

2) (   ) Todas las palabras tienen relación con Dios excepto una:

    a) Teología.
    b) Ateo.
    c) Teoría.
    d) Teísta.

3) ( ) Es una doctrina que niega toda posibilidad de conocimiento:

    a) Agnóstico.   *c*) eclecticismo

    b) Agnosticismo.   *d*) nominalismo

4) ( ) Adjetivo que indica relación con la Teoría de los valores:

    a) Axiológico.

    b) Axiomático.

    c) Axioma.

    d) Axiología.

g) Relaciona ambas columnas. Escribe en los paréntesis de la izquierda la letra que corresponda de la derecha.

1) Morfológico   ( ) *a*) Relativo al estudio de los signos.
2) Epistemológico ( ) *b*) Relativo al estudio de Dios.
3) Cosmológico   ( ) *c*) Relativo al estudio del mundo.
4) Ideológico   ( ) *d*) Relativo al estudio del hombre.
5) Mitológico   ( ) *e*) Relativo al estudio del conocimiento.
6) Teológico   ( ) *f*) Relativo al estudio de los valores.
7) Antropológico   ( ) *g*) Relativo al estudio de las formas.
8) Axiológico   ( ) *h*) Relativo al estudio de los cuentos.
9) Grafológico   ( ) *i*) Relativo al estudio de las ideas.

h) Como ya te habrás dado cuenta casi todas las palabras terminadas en ''ismo'' se refieren a una doctrina o corriente filosófica. Algunas doctrinas tomaron como primer elemento el nombre de sus máximos exponentes. Por ello, es necesario que leas cuidadosamente los siguientes ejemplos:

1) La doctrina creada por Marx recibe el nombre de marxismo.
2) La doctrina de Tomás de Aquino recibe el nombre de tomismo.
3) La doctrina de Aristóteles, aristotelismo.
4) La doctrina de Platón, platonismo.

Módulo II

a) Lee con tu maestro las siguientes palabras griegas y su significado:

1) _____ἔϑος_____ : costumbre   5) _____ἐγώ_____ : yo

2) _____τομή_____ : corte   6) _____ψυχή_____ : alma

3) _____δόξα_____ : opinión   7) _____ὀρϑός_____ : recto, correcto

4) _____ὕλη_____ : materia   8) _____ἴσος_____ : igual

b) Escribe en los espacios vacíos la pronunciación de cada palabra. Sigue como ejemplo el No. 1.

1) ἔθος : *ethos*   5) ἐγώ : _____
2) τομή : _____   6) ψυχή : _____
3) δόξα : _____   7) ὀρθός : _____
4) ὕλη : _____   8) ἴσος : _____

c) Escribe la palabra griega que originó los siguientes elementos. Observa el No. 1. Haz los demás en forma semejante.

1) Doxa
   Doxo
   Doxia _δόξα_   4) Iso: _____
2) Tomo   5) Orto: _____
   Tomía _____   6) Ego: _____
3) Hile _____   7) Eti: _____
                       8) Psico: _____

d) Escribe en el espacio vacío el significado de los siguientes elementos:

1) Oide: *aspecto*   9) Mono: _____
2) Neo: *nuevo*   10) Hilo: _____
3) Psico: _____   11) Eti: _____
4) Tomía: _____   12) Icono: _____
5) Orto: _____   13) Mecano: _____
6) Ego: _____   14) Latra: _____
7) Doxia: _____   15) Iso: _____
8) Hetero: _____

e) Busca en las palabras anteriores la que corresponda al significado que se te ofrece.

1) Persona que rinde culto a sí misma: *ególatra* .

2) Doctrina que afirma la existencia de un solo Dios: _____

_____ .

3) Persona que tiene una opinión diferente respecto de algún asunto: _____ .

4) Doctrina que concibe la realidad como una máquina _____ _____ .

5) Actitud de una persona que sólo piensa en sí y para sí misma: _____ _____ .

6) Partícula que según los antiguos era indivisible: _____ .

7) Adjetivo relativo a las máquinas: _____ .

8) Doctrina filosófica que afirma que la base de todo lo existente es el átomo: _____ .

9) Igualdad de formas o estructuras: _____ .

10) Persona que cree tener una correcta opinión acerca de algún tema específico: _____ .

11) Disciplina filosófica que tiene relación con las costumbres; llamada ciencia de la moral: _____ .

f) Subraya los términos técnicos estudiados en este módulo y escribe el significado de cada elemento que lo conforma. Fíjate en el No. 1 y haz los demás en forma semejante.

1) La filosofía de Aristóteles tiene un carácter hilemorfista.

   hile : materia _____

   morfo: forma _____

   ista: seguidor _____

2) La ética es una disciplina muy importante en la formación integral del bachiller.

   _____

   _____

3) El materialismo mecanicista considera al universo, al hombre y a la sociedad como una simple máquina.

   _____

   _____

4) Los marxistas heterodoxos forman un grupo de filósofos que se dedican a revisar las tesis de Marx y pretenden corregirlo.

_____

_____

Módulo III

a) Escribe en el espacio vacío la pronunciación de las siguientes palabras griegas:

1) _____εὐδαιμονία_____ , *eudaimonía*, felicidad.

2) _____πράγματος_____ , _____ , práctica.

3) _____δόγματος_____ , _____ , principio de fe o dogma.

4) _____ἐμπειρία_____ , _____ , experiencia.

5) _____ὁδός_____ , _____ , camino.

6) _____φύσις_____ , _____ , naturaleza.

7) _____ὄντος_____ , _____ , ser.

8) _____ἡδονή_____ , _____ , placer.

9) _____θέσις_____ , _____ , afirmación o posición.

10) _____ὑπό_____ , _____ , debajo.

11) _____ἀντί_____ , _____ , contra.

12) _____μετά_____ , _____ , más allá de, en frente de.

b) Anota en el espacio vacío el significado de cada elemento.

1) Eudemon: _*felicidad*_

2) Pragmato: _____

3) Dogmato: _____

4) Empiria: _____

5) Odo: _____

6) Fisio: _____

7) Onto: _____

8) Hedon: _____

9) Tesis: _____

10) Hipo: _____

11) Anti: _____

12) Meta: _____

c) Escribe los elementos que dieron lugar a los siguientes tecnicismos. Sigue como ejemplo el No. 1.

1) Eudemonismo, _eudemon /ismo_
2) Historicismo, _historio /ico /ismo_
3) Historiografía, _____
4) Histórico, _____
5) Ahistórico, _____
6) Pragmatismo, _____
7) Dogmatismo, _____
8) Dogmático, _____
9) Empiria, _____
10) Empírico, _____
11) Empirismo, _____
12) Método, _____
13) Metodología, _____
14) Física, _____
15) Metafísica, _____
16) Ontología, _____
17) Óntico, _____
18) Ontológico, _____
19) Hedonismo, _____
20) Hedonista, _____
21) Tesis, _____
22) Antítesis, _____
23) Síntesis, _____
24) Amorfa, _____
25) Hipótesis, _____
26) Pragmático, _____
27) Historiográfico, _____

28) Politeísmo, _____

29) Politeísta, _____

30) Antilogia, _____

d) Selecciona de los 3 términos que se te ofrecen a continuación, aquel que complete la definición; escríbelo en el espacio vacío.

1) El eudemonismo es una doctrina según la cual el móvil de toda acción humana debe ser la búsqueda de la _*felicidad*_____ .

    — Riqueza.
    — Moral.
    — Felicidad.

2) Óntico es un adjetivo relativo al _____ .

    — Mundo.
    — Ser.
    — Hombre.

3) Los _____ son seguidores de la filosofía del placer.

    — Eudemonistas.
    — Politeístas.
    — Hedonistas.

4) _____ es sinónimo de afirmación.

    — Tesis.
    — Ley.
    — Norma.

5) De la unión de tesis y antítesis surge la _____ .

    — Contraposición.
    — Síntesis.
    — Hipótesis.

6) Amorfo significa: sin _____.

    — Forma.
    — Imagen.
    — Color.

7) La afirmación contraria a otra recibe el nombre de _____ _____.

    — Suposición.
    — Tesis.
    — Antítesis.

8) El término "experiencia" se suele sustituir por el de _____ _____.

    — Empiria.
    — Sofía.
    — Teoría.

9 La doctrina que fundamenta sus conocimientos en la experiencia recibe el nombre de _____.

    — Pragmatismo.
    — Empirismo.
    — Eudemonismo.

10) La ontología es una teoría acerca del _____ en general.

    — Conocimiento.
    — Ser.
    — Deber.

11) _____ significa relativo a la historia.

    — Histórico.
    — Historiográfico.
    — Historicismo.

12) Ahistórico significa: _____.

  — Relativo a la historia.
  — No histórico.
  — Historiador.

13) _____ se aplica a la experiencia.

  — Empírico.
  — Fáctico.
  — Óntico.

14) El dogmatismo es una doctrina que se sustenta en _____ _____.

  — Hechos.
  — Observaciones.
  — Principios de fe.

15) El _____ es una doctrina que predica la existencia de muchos dioses.

  — Politeísmo.
  — Monoteísmo.
  — Ateísmo.

16) _____ es sinónimo de suposición.

  — Tesis.
  — Síntesis.
  — Hipótesis.

17) El método se define como el _____ para llegar a un fin.

  — Recurso.
  — Camino.
  — Paso.

18) Se le llama _____ a una persona que se basa en principios de fe sin dar una explicación racional de los mismos.

— Dogmático.
— Dogmatismo.
— Pragmatista.

19) La _____ estudia los fenómenos pertenecientes a la naturaleza en general.

— Cosmología.
— Física.
— Geografía.

20) La ciencia que estudia los diversos métodos recibe el nombre de:

_____ .

— Metodológico.
— Metódico.
— Metodología.

21) La metafísica estudia los primeros principios de la _____

_____ .

— Naturaleza.
— Humanidad.
— Felicidad.

22) El término _____ tiene relación con la ontología.

— Ontológico.
— Odontológico.
— Odontólogo.

23) La _____ es una contradicción entre textos o conceptos.

— Antítesis.
— Antilogia.
— Antinomia.

24) El hedonismo es una _____ que considera el placer como sumo bien.

— Doctrina.
— Teoría.
— Hipótesis.

25) El pragmatismo es una doctrina de carácter _____.

— Contemplativo.
— Práctico.
— Reflexivo.

26) El _____ es una doctrina que explica todos los fenómenos desde el punto de vista histórico.

— Pragmatismo.
— Eudemonismo.
— Historicismo.

27) El término _____ es sinónimo de práctico.

— Dogmático.
— Pragmático.
— Óntico.

28) La _____ es un estudio descriptivo de la historia.

— Historiografía.
— Epistemología.
— Ontología.

29) Un _____ está especializado en historiografía.

— Biógrafo.
— Historiador.
— Historiógrafo.

30) Se le califica de _____ a una persona que cree en la existencia de muchos dioses.

— Politeísta.
— Monoteísta.
— Ateo.

e) Substituye por tecnicismos las siguientes expresiones como en los ejemplos 1, 2 y 3.

    1) Suposición ___*hipótesis*___

    2) Contraposición ___*antítesis*___

    3) Contradicción de expresiones ___*antilogia*___

    4) Práctico _____

    5) Experiencia _____

    6) Principio de fe _____

    7) Afirmación _____

    8) Ciencia del ser en general _____

    9) Doctrina del placer _____

    10) Doctrina de la felicidad _____

    11) Sin forma _____

    12) De muchas formas _____

    13) Relativo al ser _____

    14) Relativo a la historia _____

    15) Sin relación con la historia _____

    16) Que cree en muchos dioses _____

    17) Relativo a la experiencia _____

    18) Ciencia que estudia los métodos _____

    19) Que se basa en dogmas _____

    20) Que sigue un método _____

f) Subraya los tecnicismos estudiados en los siguientes textos:

    1) El <u>pragmatismo</u> y el <u>historicismo</u> rechazan todas las doctrinas que tienen un carácter <u>metafísico</u>, <u>dogmático</u> y <u>ahistórico</u>.

    2) La epistemología del empirismo tiene un carácter pragmático.

    3) La metodología empleada por el marxismo-leninismo está de acuerdo con los principios fundamentales de la ciencia actual.

4) La metafísica del aristotelismo fue tomada casi a la letra por el tomismo con algunos toques teológicos y dogmáticos.

5) El método empírico fue iniciado por Francis Bacon y perfeccionado por Galileo.

6) El hedonismo y el eudemonismo tuvieron muchos adeptos en la antigüedad.

7) El método dialéctico se descompone en tres pasos: tesis, antítesis y síntesis.

8) "El hombre es ante todo un ser histórico y social", es una tesis del marxismo-leninismo.

9) El politeísmo practicado por los griegos tenía un carácter antropomórfico.

10 Existen en el siglo XX muchos hedonistas y eudemonistas pero pocos metafísicos y dogmáticos.

Módulo IV

a) Escribe en los espacios vacíos la pronunciación de las siguientes palabras griegas:

1) _____διαλέγω_____, _____, discutir.

2) _____συλλέγω_____, _____, reunir.

3) _____δίκη_____, _____, justicia.

4) _____φαινόμενον_____, _____, lo que aparece.

5) _____γεννάω_____, _____, originar.

6) _____κρίνω_____, _____, juzgar.

7) _____δέοντος_____, _____, deber.

8) _____τέλος_____, _____, fin.

9) _____σοφία_____, _____, sabiduría.

10) _____ταυτός_____, _____, lo mismo.

11) _____φίλος_____, _____, amante, aficionado.

12) _____άνα_____, _____, afuera, hacia arriba.

13) _____ἐνέργεια_____, _____, energía, fuerza.

14) _____στοά_____, _____, pórtico.

b) Escribe el significado de los siguientes elementos:

1) Dialecto __*discutir*__

2) Silogi _____

3) Fenómeno _____

4) Dicea _____

5) Deonto _____

6) Génesis _____

7) Crito _____

8) Teleo _____

9) Sofía _____

10) Tauto _____

11) Filo, filia _____

12) Ana _____

13) Energeto _____

14) Estoi _____

c) Completa los significados que a continuación se te sugieren. Observa los Nos. 1, 2 y 3.

1) Filosofía: amor de la __*sabiduría*__.

2) Deontología: __*estudio*__ de los deberes.

3) Cosmogénesis: origen del __*mundo*__.

4) Teosofía: tratado acerca de la sabiduría de _____.

5) Tautología: palabra que repite lo _____.

6) Teleología: estudio de los _____.

7) Filosófico: _____ al estudio de la filosofía.

8) Crítica: que _____.

9) Criticismo: _____ filosófica que parte de un examen de las condiciones del conocimiento.

10) Silogismo: forma de razonamiento que _____ dos proposiciones para de ahí concluir una tercera.

11) Estoico: relativo al _____ .

12) Estoicismo: doctrina del _____ .

13) Análisis: método que _____ un todo en sus elementos o partes fuera de su contexto.

14) Analítico: adjetivo _____ al análisis.

15) Antropofilia: _____ de la humanidad.

16) Dialéctica: arte de _____ .

17) Psicoanálisis: técnica psiquiátrica que parte del _____ _____ de los estados de conciencia.

18) Energetismo: doctrina según la cual todo consiste en _____ _____ .

19) Teleológico: adjetivo _____ a la Teleología.

20) Teodicea: tratado filosófico acerca de la _____ divina.

d) Selecciona la respuesta correcta:

1) ( ) Tratado filosófico-teológico acerca de la justicia de Dios.

    a) Teosofía.
    b) Teodicea.
    c) Teología.
    d) Teleología.

2) ( ) Doctrina filosófica así llamada porque su fundador Zenón enseñaba bajo el pórtico del Pecilo.

    a) Eudemonismo.
    b) Hedonismo.
    c) Estoicismo.
    d) Epicureísmo.

3) ( ) Hipótesis que establece el posible origen del universo.

    a) Cosmografía.
    b) Cosmogénesis.
    c) Cosmología.
    d) Cosmológica.

4) (   ) Significó en un principio amor a la sabiduría.

    a) Teosofía.
    b) Filosofía.
    c) Cosmología.
    d) Teodicea.

5) (   ) Ciencia que trata de los deberes que tiene un profesionista para con la empresa en la que trabaja.

    a) Ontología.
    b) Odontología.
    c) Deontología.
    d) Epistemología.

6) (   ) Nombre dado por Leibniz a su obra por tratar principalmente
de la justicia de Dios.

    a) Teosofía.
    b) Teología.
    c) Teodicea.
    d) Teogonía.

7) (   ) Doctrina según la cual todo en el universo tiene un fin prede-
terminado.

    a) Teología.
    b) Teleología.
    c) Teosofía.
    d) Mecanicismo.

8) (   ) Se le llamó en un principio arte de la discusión debido a la unión
y superación de opiniones opuestas.

    a) Diálogo.
    b) Filosofía.
    c) Sofística.
    d) Dialéctica.

9) (   ) Razonamiento clásico que contiene tres proposiciones; dos premisas y una conclusión.

    a) Silogismo.
    b) Empiria.
    c) Crítica.
    d) Inducción.

10) (   ) La filosofía de Kant constituye un examen crítico de las condiciones del conocimiento; por ello recibe el nombre de:

    a) Criticismo.
    b) Estoicismo.
    c) Hedonismo.
    d) Psicoanálisis.

11) (   ) Nombre dado a diversas sectas ocultas que invocan la sabiduría de Dios.

    a) Teodicea.
    b) Teosofía.
    c) Teología.
    d) Teogonía.

12) (   ) Proceso intelectual que consiste en la descomposición de un todo en sus elementos para dar una explicación razonada de un fenómeno o hecho.

    a) Síntesis.
    b) Inducción.
    c) Percepción.
    d) Análisis.

13) (   ) Consiste en un análisis de los estados de conciencia según los métodos elaborados por Freud.

    a) Psiquismo.
    b) Psicografía.
    c) Psicología.
    d) Psicoanálisis.

e) Construye otra proposición utilizando tecnicismos donde creas conveniente. Observa el No. 1 y haz los demás en forma semejante.

1) Los seguidores de la doctrina del pórtico eran indiferentes al dolor.

   Los estoicos eran indiferentes al dolor

2) Aristóteles utilizó en su teoría de la deducción muchos <u>razonamientos de tres proposiciones</u>.

   _____

   _____

3) Los alumnos hicieron <u>un examen riguroso de las tesis de Hegel</u>.

   _____

   _____

4) En algunas instituciones la <u>ciencia que trata de los deberes</u> es una disciplina básica.

   _____

   _____

5) Algunos psiquiatras prefieren <u>la técnica de Freud que trata de un análisis de los estados mentales</u>, porque sus resultados son muy satisfactorios.

   _____

   _____

   _____

Módulo V

a) Escribe en los espacios vacíos la pronunciación de las siguientes palabras griegas:

1) παραβολή _____, _____, comparación.

2) ἐξώτερος _____, _____, exterior.

3) εσώτερος _____, _____, interior.

4) ἐκλεκτός _____, _____, elegido, escogido.

5) κατηγορέω _____, _____, afirmar, predicar.

6) ___μυστικός___ , _____ , misterioso, secreto.

7) ___ὄργανον___ , _____ , instrumento.

8) ___σκεπτικός___ , _____ , que reflexiona.

9) ___πρᾶξις___ , _____ , actividad, práctica.

10) ___τόπος___ , _____ , lugar.

11) ___οὐ___ , _____ , no.

b) Escribe en la línea en blanco el significado de los siguientes elementos:

1) Parábola _comparación_   7) Órganon _____

2) Exotero _____   8) Escéptico _____

3) Esotero _____   9) Praxis _____

4) Eclecto _____   10) Topía _____

5) Categoría _____   11) U _____

6) Místico _____

c) Completa las siguientes definiciones como se te indica en el No. 1

1) Parábola: descripción de la que se deduce por _comparación_ _____ una enseñanza o una verdad.

2) Eclecticismo: doctrina filosófica que ha _____ de otros sistemas lo que considera mejor; desechando lo que no le conviene a sus intereses.

3) Ecléctico: se le llama así a un seguidor del _____ .

4) Categoría: cualidad que se _____ de un objeto.

5) Praxis: término adoptado por el Marxismo con el significado de __ _____ específicamente humana.

d) Selecciona la respuesta correcta:

1) ( ) Sinónimo de comparación:

    a) Parábola.
    b) Cuento.
    c) Mitología.
    d) Preludio.

2) (   ) Predicamento:

  a) Parábola.
  b) Compromiso.
  c) Categoría.
  d) Hipótesis.

3) (   ) Idea irrealizable:

  a) Utópico
  b) Utopía.
  c) Suposición.
  d) Síntesis.

4) (   ) Doctrina que toma un poco de todas las demás:

  a) Escepticismo.
  b) Eclecticismo.
  c) Hedonismo.
  d) Eudemonismo.

5) (   ) Actitud de ciertas personas que todo lo explican misterio-samente:

  a) Exoterismo.
  b) Misticismo.
  c) Eclecticismo.
  d) Utopía.

6) (   ) Escrito dedicado a unos pocos alumnos de alguna secta:

  a) Esotérico.
  b) Exotérico.
  c) Tópico.
  d) Ecléctico.

7) (   ) Actividad específicamente humana, consciente y transformadora de la realidad, según el Marxismo:

  a) Praxis.
  b) Práctica.
  c) Pragmatismo.
  d) Acción.

8) (   ) Título dado por Aristóteles a la lógica:

    a) Categorías.
    b) Órganon.
    c) Ontología.
    d) Metafísica.

9) (   ) Doctrina que adopta una actitud negativa frente a una afirmación o hecho:

    a) Eclecticismo.
    b) Pragmatismo.
    c) Misticismo.
    d) Escepticismo.

10) (   ) Se le llama a un seguidor del eclecticismo:

    a) Esotérico.
    b) Ecléctico.
    c) Místico.
    d) Utópico.

3.3.1.5. Tecnicismos y cultismos de las Bellas Artes

Antónimos
Autobiografía
Barítono
Bibliófilo
Bibliografía
Biblioteca
Bibliotecnia
Biografía
Cartomancia
Coreografía
Discoteca
Efemérides
Epígrafe
Epitafio
Escenografía
Eufonía
Éxodo
Hemeroteca

Homónimos
Melodía
Metáfora
Monótono
Necromancia
Nemotecnia
Oniromancia
Onomatopeya
Pinacoteca
Polifonía
Políglota
Prólogo
Prosopografía
Prosopopeya
Quiromancia
Sinfonía
Sinónimos
Tauromaquia

Módulo I

a) Llena los espacios vacíos. Sigue como ejemplo los Nos. 1 y 2.

1) Autobiografía

	Palabra griega	Pronunciación	Elemento	Significado
a)	αὐτός	*autós*	auto	él mismo
b)	βίος	*bíos*	bio	vida
c)	γραφή	*grafé*	grafía	descripción

Descripción de la __*vida*__ de una persona hecha por ella misma.

2) Bibliografía

a)	βιβλίον	*biblíon*	biblio	libro
b)	γραφή	*grafé*	grafía	

__*Descripción*__ de __*libros*__.

3) Biografía

| a) | _____ , _____ , _____ , vida |
| b) | _____ , _____ , _____ , descripción |

_____ de la _____ de una persona.

4) Coreografía

| a) | χωρεία , _____ , coreo , danza musical |
| b) | _____ , _____ , _____ , descripción |

Arte descriptivo de la _____.

5) Escenografía

   a) __σκηνή__ , _____ , esceno_____ , escena_____

   b) _____ , _____ , grafía_____ , _____

   Arte de _____ o pintar decoraciones escénicas.

6) Prosopografía

   a) __πρόσωπον__ , _____ , prosopo_____ , rostro_____

   b) _____ , _____ , _____ , _____

   _____ de una persona por la expresión de su ___

   _____.

7) Cartomancia

   a) __χάρτης__ , _____ , carto_____ , carta_____

   b) __μαντεία__ , _____ , mancia_____ , adivinación

   Supuesta adivinación del futuro por medio de la lectura de _____

   _____.

8) Necromancia

   a) __νεκρός__ , _____ , necro_____ , cadáver

   b) _____ , _____ , mancia_____ , _____

   Supuesta _____ del futuro por la invocación a

   los _____ o muertos.

9) Quiromancia

   a) __χείρ__ , _____ , quiro_____ , mano_____

   b) _____ , _____ , _____ , _____

   Supuesta _____ del futuro por la interpretación

   de las líneas de las _____.

10) Oniromancia

a) ___ὄνειρος___ , _____ , oniro_____ , sueño_____

b) _____ , _____ , _____ , _____

Interpretación de los _____.

11) Biblioteca

a) _____ , _____ , _____ , libro_____

b) ___θήκη___ , _____ , teca_____ , caja o estante____

Lugar donde se guardan los _____ ordenados en estantes.

12) Discoteca

a) ___δίσκος___ , _____ , _____ , _____

b) _____ , _____ , _____ , _____

Lugar donde se guardan _____.

Lugar donde se tocan _____ para bailar.

13) Hemeroteca

a) ___ἡμέρα___ , _____ , hemero____ , día_____

b) _____ , _____ , _____ , _____

Lugar donde se guardan diarios o revistas ordenados en _____

_____.

14) Pinacoteca

a) ___πίνακος___ , _____ , pinaco____ , cuadro_____

b) _____ , _____ , _____ , _____

Galería de _____ o pinturas.

15) Eufonía

a) ___εὖ___ , _____ , eu_____ , bien_____

b) ___φωνή___ , _____ , fonía_____ , sonido_____

Buen _____.

16) Polifonía

a) _____πολύς_____ , _____ , poli_____ , muchos _____

b) _____ , _____ , _____ , _____

Conjunto armonioso de _____ sonidos o voces.

17) Sinfonía

a) _____σύν_____ , _____ , _____ , con unión _____

b) _____ , _____ , _____ , _____

Concierto de instrumentos, voces o _____.

18) Melodía

a) _____μέλος_____ , _____ , melo_____ , música _____

b) _____ὠδη_____ , _____ , odía_____ , canto _____

Parte de una obra musical.

19) Bibliófilo

a) _____ , _____ , _____ , libro _____

b) _____φίλος_____ , _____ , filo_____ , amante _____

_____ de los _____.

20) Epígrafe

a) _____ἐπί_____ , _____ , epi_____ , sobre _____

b) _____γραφή_____ , _____ , _____ , inscripción _____

Título de una obra.

21) Epitafio

a) _____ , _____ , _____ , sobre _____

b) _____τάφος_____ , _____ , tafio_____ , tumba _____

Inscripción _____ una _____.

22) Antónimos

a) ___ἀντί___ , _____ , anto_____ , contra_____

b) ___ὄνομα___ , _____ , ónimo_____ , nombre_____

Palabras con significados contrarios.

23) Homónimos

a) ___ὅμος___ , _____ , _____ , semejante_____

b) _____ , _____ , _____ , nombre_____

Palabras que se escriben exactamente igual.

24) Sinónimos

a) ___σύν___ , _____ , sin_____ , con_____

b) ___ὄνομα___ , _____ , _____ , _____

Palabras con significados semejantes.

25 Bibliotecnia

a) _____ , _____ , biblio_____ , _____

b) ___τέχνη___ , _____ , tecnia_____ , arte_____

_____ de imprimir y encuadernar _____ .

26) Nemotecnia

a) ___μνήμη___ , _____ , nemo_____ , memoria_____

b) _____ , _____ , _____ , arte_____

_____ de _____ .

27) Monótono

a) ___μόνος___ , _____ , _____ , uno solo_____

b) ___τόνος___ , _____ , _____ , tono_____

De uno solo _____ .

28) Barítono

a) ___βαρύς___ , _____ , _____ , grave _____

b) _____ , _____ , _____ , tono _____

De tono _____ .

29) Prosopopeya

a) ___πρόσωπον___ , _____ , _____ , rostro _____

b) ___ποιέω___ , _____ , peya _____ , hacer _____

Personificación de cosas o seres inanimados.

30) Onomatopeya

a) _____ , _____ , _____ , nombre _____

b) _____ , _____ , _____ , hacer _____

Palabra que imita el sonido de un animal o cosa.

31) Políglota

a) _____ , _____ , _____ , muchos _____

b) ___γλῶττα___ , _____ , glota _____ , lengua _____

Persona que habla muchas _____ .

32) Prólogo

a) ___πρό___ , _____ , pró _____ , antes de _____

b) _____ , _____ , logo _____ , tratado _____

Explicación previa a un _____ .

33) Efemérides

a) ___ἐπί___ , _____ , _____ , sobre _____

b) ___ἡμέρα___ , _____ , hemérides _____ , día _____

Comentario de los hechos de cada _____ .

34) Éxodo

a) ___ἔξ___ , _____ , ___éx___ , ___fuera de___

b) ___ὁδός___ , _____ , ___odo___ , ___camino___

Salida. Huida.

35) Tauromaquia

a) ___ταῦρος___ , _____ , ___tauro___ , ___toro___

b) ___μάχη___ , _____ , ___maquia___ , ___lucha___

Arte de lidiar _____ .

36) Metáfora

a) ___μετά___ , _____ , _____ , ___más allá de___

b) ___φέρω___ , _____ , _____ , ___llevar___

Figura literaria que traslada el sentido real de una palabra a su sentido figurado.

b) Escribe en las líneas en blanco los elementos que conforman los siguientes términos y su significado:

1) Autobiografía

a) _____ _____

b) _____ _____

c) _____ _____

2) Bibliografía

a) _____ _____

b) _____ _____

3) Biografía

a) _____ _____

b) _____ _____

4) Coreografía

   a) _____ _____

   b) _____ _____

5) Escenografía

   a) _____ _____

   b) _____ _____

6) Prosopografía

   a) _____ _____

   b) _____ _____

7) Cartomancia

   a) _____ _____

   b) _____ _____

8) Necromancia

   a) _____ _____

   b) _____ _____

9) Quiromancia

   a) _____ _____

   b) _____ _____

10) Oniromancia

   a) _____ _____

   b) _____ _____

11) Biblioteca

   a) _____ _____

   b) _____ _____

12) Discoteca

    a) _____ _____

    b) _____ _____

13) Hemeroteca

    a) _____ _____

    b) _____ _____

14) Pinacoteca

    a) _____ _____

    b) _____ _____

15) Eufonía

    a) _____ _____

    b) _____ _____

16) Polifonía

    a) _____ _____

    b) _____ _____

17) Sinfonía

    a) _____ _____

    b) _____ _____

18) Melodía

    a) _____ _____

    b) _____ _____

19) Bibliófilo

    a) _____ _____

    b) _____ _____

20) Epígrafe

  a) _____ _____

  b) _____ _____

21) Epitafio

  a) _____ _____

  b) _____ _____

22) Antónimos

  a) _____ _____

  b) _____ _____

23) Homónimos

  a) _____ _____

  b) _____ _____

24) Sinónimos

  a) _____ _____

  b) _____ _____

25) Bibliotecnia

  a) _____ _____

  b) _____ _____

26) Nemotecnia

  a) _____ _____

  b) _____ _____

27) Monótono

  a) _____ _____

  b) _____ _____

28) Barítono

 a) _____ _____

 b) _____ _____

29) Onomatopeya

 a) _____ _____

 b) _____ _____

30) Prosopopeya

 a) _____ _____

 b) _____ _____

31) Políglota

 a) _____ _____

 b) _____ _____

32) Prólogo

 a) _____ _____

 b) _____ _____

33) Efemérides

 a) _____ _____

 b) _____ _____

34) Éxodo

 a) _____ _____

 b) _____ _____

35) Tauromaquia

 a) _____ _____

 b) _____ _____

36) Metáfora

a) _____ _____

b) _____ _____

c) Escribe en el espacio en blanco el término que más convenga al contexto dado.

1) La _**biblioteca**_ de la escuela contiene un gran número de libros.

   — Biblioteca.
   — Hemeroteca.
   — Discoteca.

2) Es famosa la _____ nacional por su gran variedad de cuadros.

   — Hemeroteca.
   — Biblioteca.
   — Pinacoteca.

3) Hay muchas bibliotecas y discotecas en nuestra ciudad; pero pocas

   _____ y pinacotecas.

   — Bibliotecas.
   — Hemerotecas.
   — Pinacotecas.

4) La _____ es muy útil ya que podemos aprender mucho en poco tiempo.

   — Coreografía.
   — Quiromancia.
   — Nemotecnia.

5) El _____ de la obra revela su contenido.

   — Epitafio.
   — Epígrafe.
   — Éxodo.

6) Un libro debe contener toda la _____ en que se fundamenta.

— Bibliografía.
— Biografía.
— Bibliotecnia.

7) Las palabras "alto y bajo" son _____ .

— Antónimas.
— Sinónimas.
— Homónimas.

8) Voy a hacer una _____ de Benito Juárez.

— Coreografía.
— Autobiografía.
— Biografía.

9) En algunos lugares de nuestro país se practica la _____

_____ .

— Cartomancia.
— Eufonía.
— Autobiografía.

10) En Europa muchas personas son _____ ya que la cercanía de su país con otros, los hace aprender muchas lenguas.

— Políglotas.
— Polimorfas.
— Monótonas.

d) Redacta un enunciado para cada uno de los siguientes términos:

1) Epitafio

_____

_____

2) Bibliófilo

3) Melodía

4) Discoteca

5) Escenografía

3.3.1.6. Tecnicismos y cultismos del área médico-biológica

Acalasia	Artrodinia	Cianoderma
Acatisia	Artrología	Cirrosis
Acrocianosis	Artrólogo	Cirugía
Acrodermatitis	Ataxia	Cistectomía
Acrofobia	Atrofia	Cistitis
Acromegalia	Biología	Cistocele
Adenectomía	Biólogo	Cistoplastía
Adenitis	Biopsia	Cistorragia
Adenoma	Blefaritis	Cistorrafia
Adenopatía	Blefaroplastía	Cistoscopia
Afasia	Blefarorrafia	Cistoscopio
Alexia	Blefarotomía	Cistostomía
Alopecia	Bradicardia	Cistotomía
Amenorrea	Bradipnea	Citología
Anencefalia	Carcinoma	Citólogo
Anestesia	Cardialgia	Citopatología
Anorexia	Cardiología	Citopatólogo
Aplasia	Cardiólogo	Clorofila
Apnea	Cardiomegalia	Colecistectomía
Arterioesclerosis	Carditis	Colecistitis
Arteriomalacia	Cefalalgia	Colitis
Artritis	Cefálico	Colocentesis

Colostomía
Condritis
Dactilitis
Dactiloscopia
Dermatología
Dermatólogo
Dermátomo
Diplococo
Diplopia
Disfasia
Dislexia
Dismenorrea
Disnea
Dispepsia
Disuria
Electrocardiograma
Electroencefalograma
Electromiografía
Encefalitis
Encefalomalacia
Endoarteritis
Endocardio
Endocrinología
Endodoncia
Endoscopio
Enterectasia
Enterocentesis
Eritrocito
Eritrocituria
Eritrodermia
Escoliosis
Esplenectomía
Esplenitis
Esplenomegalia
Esplenorragia
Esquizofrenia
Estafilococo
Esteatorrea
Estenosis
Estomatalgia

Estomatitis
Estomatología
Estomatoplastía
Estomatorragia
Estreptococo
Exoftalmia
Flebitis
Fleboesclerosis
Gastralgia
Gastrectasia
Gastrectomía
Gástrico
Gastritis
Gastroentérico
Gastroenterología
Gastroenterólogo
Gastrología
Gastrólogo
Gastromegalia
Gastrorragia
Gastrostomía
Gastrotomía
Ginecología
Ginecólogo
Ginecomastia
Glosalgia
Glositis
Glosoplejía
Hematemesis
Hematología
Hematoma
Hemianopsia
Hemiplejía
Hemólisis
Hemoptisis
Hepático
Hepatitis
Hepatología
Hepatomegalia
Hidrocefalia

Hidrofobia
Hidroterapia
Hiperemesis
Hiperestesia
Hipermenorrea
Hiperplasia
Hipertermia
Hipertrofia
Hipodérmica
Hipoestesia
Hipomenorrea
Hipoplasia
Hipotermia
Histerectomía
Histerómetro
Histerosalpingooforectomía
Ictericia
Laringectomía
Laringoscopia
Laringostomía
Leucemia
Leucocito
Leucodermia
Lipoide
Lipólisis
Lipoma
Macrocéfalo
Macrocito
Macroglosia
Mastectomía
Mastitis
Mastodinia
Mastopatía
Mastoplastía
Melanina
Melanocarcinoma
Melanoma
Melena
Menarquía
Microcéfalo

Micrómetro
Mielitis
Mielografía
Nefritis
Nefromegalia
Nefrorrafia
Neumología
Neumonitis
Neumopatía
Neuralgia
Neuritis
Neurología
Neurólogo
Neuropatía
Neuropsicología
Neurorrafia
Odinofagia
Odontalgia
Odontología
Odontólogo
Oftalmitis
Oftalmología
Oftalmólogo
Oftalmoplastía
Oftalmoscopio
Oligomenorrea
Oliguria
Ooforectomía
Ooforitis
Orquialgia
Orquiectomía
Orquitis
Osteoide
Osteología
Osteólogo
Osteomalacia
Otalgia
Otitis
Otoscopio
Otorrea

Otorrinolaringología
Otorrinolaringólogo
Patología
Patólogo
Piógeno
Piorrea
Piotorax
Podálico
Polineuritis
Poliuria
Proctitis
Proctoscopio
Psicología
Psicólogo
Psicometría
Psicopatía
Queilitis
Queiloestomatoplastía
Rinitis
Rinoplastía
Rinorrea
Rinoscopio
Salpingectomía
Salpingitis
Salpingooforitis
Taquicardia
Taquifasia
Taquipnea
Térmico
Termómetro
Torácico
Toracocentesis
Toracoplastía
Trombectomía
Trombocito
Tromboflebitis

Módulo I

a) Escribe la pronunciación de las siguientes palabras griegas como se te indica en los números 1, 2 y 3:

1) _____ ἄκρος _____ : _____ *acros* _____ , extremidad, altura.

2) _____ καρδία _____ : _____ *cardía* _____ , corazón.

3) _____ κυανός _____ : _____ *kianós* _____ , azul.

4) _____ κύτος _____ : _____ , célula.

5) _____ δέρμα _____ : _____ , piel.

6) _____ ἤλεκτρον _____ : _____ , electricidad.

7) _____ γαστήρ _____ : _____ , estómago.

8) _____ γράμμα _____ : _____ , inscripción.

9) _____ λευκός _____ : _____ , blanco.

10) _____ μεγάλη _____ : _____ , grande.

11) _____ ἄλγος _____ : _____ , dolor.

12) _____ ἐκτομή _____ : _____ , extirpación.

13) _____ —ιτις _____ : _____ , inflamación.

14) _____ λόγος _____ : _____ , ciencia, especialista.

15) _____ στόμα _____ : _____ , boca, abertura.

16) _____ τομή _____ : _____ , corte.

17) _____ φόβος _____ : _____ , miedo, horror.

18) _____ ἐγκέφαλος _____ : _____ , cerebro.

19) _____ μαλακός _____ : _____ , blando.

20) _____ αἷμα _____ : _____ , sangre.

b) Completa el siguiente ejercicio tomando como base el vocabulario anterior:

Palabra griega	Pasa al español	Significado
1) ἄκρος	acro	extremidad, altura
2) καρδία	cardio, cardia	corazón
3) κυανός	ciano, cianosis	azul
4)	cito, citosis	
5)	derma, dermato	
6)	electro	
7)	gastro, gastrio	
8)	grama	
9)	leuco	
10)	megalo, megalia	
11)	algia, algesia	
12)	ectomía	
13)	itis	
14)	logo, logía	
15)	estomato, stomía	
16)	tomo, tomía	
17)	fobo, fobia	
18)	encéfalo, encefalia	
19)	malaco, malacia	
20)	hemo, hemato-emia	

c) Escribe los elementos que integran las siguientes palabras técnicas:

1) Acrocianosis acro / cianosis
2) Acromegalia acro / megalia
3) Acrodermatitis acro / dermato / itis
4) Acrofobia _____

5) Dermátomo _____

6) Cianoderma _____

7) Leucodermia _____

8) Leucocito _____

9) Leucemia _____

10) Cardiomegalia _____

11) Gastromegalia _____

12) Carditis _____

13) Cardiólogo _____

14) Electrocardiograma _____

15) Cardialgia _____

16) Gastralgia _____

17) Gastritis _____

18) Gastrectomía _____

19) Gastrostomía _____

20) Gastrotomía _____

21) Electroencefalograma _____

22) Encefalitis _____

23) Encefalomalacia _____

24) Dermatología _____

25) Cardiología _____

26) Citología _____

27) Estomatología _____

28) Hematología _____

29) Estomatitis _____

30) Estomatalgia _____

d) Completa las siguientes afirmaciones:

1) La acrocianosis es un trastorno que se manifiesta por frialdad y coloración ___*azul*___ de las ___*extremidades*___ (manos y pies).

2) La acromegalia denota crecimiento anormal de las _____ _____ .

3) Acrodermatitis significa inflamación de la _____ de las ___ _____ .

4) El dermátomo es un instrumento que se utiliza para obtener colgajos de _____ antes de hacer un injerto.

5) Cianoderma significa coloración _____ de la _____ _____ .

6) Leucodermia quiere decir coloración _____ de la _____ ____ .

7) Leucocito: célula _____ de la sangre.

8) En la leucemia, también conocida como "cáncer en la sangre", existe una producción masiva e incontrolada de _____ blancas.

9) La cardiomegalia consiste en el agrandamiento del _____ _____ .

10) Gastromegalia significa agrandamiento del _____ .

11) Carditis es una _____ del _____ .

12) El cardiólogo es un especialista en enfermedades del _____ _____ .

13) Electrocardiograma es la inscripción o registro gráfico de la actividad eléctrica del _____ .

14) Cardialgia: _____ en el _____ .

15) Gastralgia: _____ de _____ .

16) Gastritis: _____ de la mucosa del _____ _____ .

17) La gastrectomía consiste en extirpar el _____ en forma total o parcial.

18) Gastrostomía: técnica quirúrgica que consiste en hacer una _____ _____ o abertura permanente en el _____ para introducir alimentos al organismo por esta vía.

19) Gastrotomía: incisión por corte en el _____ .

20) Electroencefalograma: inscripción o registro gráfico de la actividad _____ del _____.

21) Encefalitis: inflamación del _____.

22) Encefalomalacia: reblandecimiento del _____.

23) _____: ciencia que estudia la piel.

24) _____: ciencia que estudia el corazón.

25) _____: ciencia que estudia la célula.

26) Estomatología: ciencia que estudia la _____.

27) _____: ciencia que estudia la sangre.

28) Estomatitis: inflamación de la _____.

29) Estomatalgia _____ de _____.

e) Traduce al lenguaje técnico los siguientes enunciados tal como se te indica en el ejemplo siguiente:

1) La enfermedad que se manifiesta por coloración azul de extremidades comúnmente se acompaña del entumecimiento, frialdad y hormigueo de las puntas de los dedos de manos y pies.

La acrocianosis comúnmente se acompaña del entumecimiento, frialdad y hormigueo de las puntas de los dedos de las manos y pies.

2) El agrandamiento anormal de las extremidades se debe a la acción exagerada de la hormona del crecimiento.

_____
_____
_____

3) El agrandamiento del corazón puede ser el resultado de ejercicio excesivo.

_____
_____
_____

4) La inflamación del corazón es una manifestación frecuente de la fiebre reumática.

5) El registro gráfico de la actividad eléctrica del corazón auxilia al cardiólogo en el conocimiento de los trastornos del ritmo del corazón.

6) El dolor en el corazón puede originarse por una irrigación sanguínea deficiente a nivel del corazón.

7) La actividad física agotadora, la tensión, la exposición al frío o un exceso de alimentación pueden desencadenar una crisis de dolor en el corazón.

8) La presión arterial elevada o "hipertensión" aumenta la carga del trabajo del corazón, lo cual puede producir agrandamiento del mismo.

9) La inflamación de la mucosa del estómago puede producirse por ingerir alimentos irritantes, por ciertas drogas o por microorganismos y sus toxinas.

10) Por lo general hay <u>dolor de estómago</u>, náuseas y vómito cuando existe <u>inflamación de la mucosa del estómago</u>.

_____

11) El cirujano realiza una <u>extirpación parcial de estómago</u> para controlar la úlcera complicada y el cáncer gástrico.

_____

_____

12) <u>La técnica quirúrgica que</u> consiste en abrir una boca artificial en el <u>estómago</u> se realiza cuando existe un cáncer en el esófago que impide el paso normal de los alimentos.

_____

_____

13) <u>La inscripción o registro gráfico de la actividad eléctrica del cerebro</u> puede ser lograda por medio de electrodos aplicados al cuero cabelludo.

_____

_____

14) <u>El registro gráfico de la actividad eléctrica del cerebro</u> es muy útil para el diagnóstico de la epilepsia, tumores cerebrales y, en ocasiones, del coma.

_____

_____

15) <u>La inflamación del cerebro</u> es una enfermedad que puede ser producida por un virus específico; puede ser también la complicación de enfermedades contagiosas agudas.

_____

_____

_____

f) Escribe dentro del paréntesis la letra del inciso que conteste correctamente:

1) (*a*) Ciencia que estudia el corazón:

   a) Cardiología.
   b) Estomatología.
   c) Citología.
   d) Gastrología.

2) (   ) Todas las palabras siguientes se relacionan con el estómago, excepto:

   a) Gastritis.
   b) Condritis.
   c) Gastrostomía.
   d) Gastrectomía.

3) (   ) La terminación que indica extirpación es:

   a) Itis.
   b) Stomía.
   c) Ectomía.
   d) Tomía.
   e) Logía.

4) (   ) Inflamación del cerebro:

   a) Gastritis.
   b) Encefalitis.
   c) Dermatitis.
   d) Carditis.

5) (   ) Estudio de la sangre:

   a) Cardiología.
   b) Dermatología.
   c) Citología.
   d) Hematología.

g) Relaciona ambas columnas:

1) ( ) Cardiomegalia	*a*)	Inflamación del corazón.
2) ( ) Leucocito	*b*)	Miedo a la electricidad.
3) ( ) Citología	*c*)	Piel blanca.
4) ( ) Carditis	*d*)	Cáncer en la sangre.
5) ( ) Estomatalgia	*e*)	Agrandamiento del corazón.
6) ( ) Encefalomalacia	*f*)	Infarto cerebral.
7) ( ) Acromegalia	*g*)	Ciencia de la célula.
8) ( ) Leucodermia	*h*)	Inflamación de la boca.
9) ( ) Leucemia	*i*)	Agrandamiento de la extremidad.
10) ( ) Dermátomo	*j*)	Instrumento para cortar piel.
	k)	Horror a las alturas.
	l)	Célula blanca.
	m)	Dolor de boca.

Módulo II

a) Lee con tu maestro las siguientes palabras griegas y su significado:

1) _ἀδήν_____ : glándula.

2) _ἄρϑρον_____ : articulación.

3) _καρκίνος_____ : maligno (cangrejo).

4) _κήλη_____ : hernia.

5) _κεφαλή_____ : cabeza.

6) _χόνδρος_____ : cartílago.

7) _ἔμεσις_____ : vómito.

8) _λάρυγξ_____ : laringe.

9) _λίπος_____ : grasa.

10) _μαλακός_____ : blando.

11) _ὀστέον_____ : hueso.

12) _πλάσσω_____ : reparar, formar.

13) _τροφή_____ : desarrollo, crecimiento.

14) _ἐν_____ : en, dentro.

15) _ὑπέρ_____ : sobre, más de lo normal, exceso.

16) _____ ὑπό _____: bajo, debajo de, disminución.

17) _____ εἶδος _____: en forma de, aspecto, parecido a.

18) _____ −ομα _____: tumor o hinchazón.

19) _____ a _____: sin.

20) _____ πάθος _____: enfermedad, padecimiento.

b) Tomando como base el enlistado anterior completa el siguiente ejercicio; observa los números 1 y 2:

Palabra griega	Pronunciación	Significado
1) ἀδήν	adén	glándula
2) ἄρθρον	arthron	articulación
3)		
4)		
5)		
6)		
7)		
8)		
9)		
10)		
11)		
12)		
13)		
14)		
15)		
16)		
17)		
18)		
19)		
20)		

c) Escribe el significado de los siguientes elementos como se te sugiere en los números 1, 2 y 3.

1) Adeno ___*glándula*___

2) Artro ___*articulación*___

3) Carcino ___*cangrejo*___

4) Cele _____

5) Céfalo, cefalia _____

6) Condro, condrio _____

7) Emeto, emesis _____

8) Laringo _____

9) Lipo, lípido _____

10) Malaco, malacia _____

11) Osteo, ostio _____

12) Plasto, plastía _____

13) Trofo, trofia _____

14) En _____

15) Hiper _____

16) Hipo _____

17) Oide _____

18) Oma _____

19) A, an _____

20) Pato, patía _____

d) Completa el siguiente ejercicio:

1) Hiperemesis (hiper/emesis) significa ___*vómito*___ excesivo.

2) Hipertrofia (hiper/trofia): desarrollo o crecimiento ___*excesivo*___ _____ de un órgano.

3) Atrofia (a/trofia): ausencia de · ___*desarrollo*___ de un órgano.

4) Hiperplasia (hiper/plasia): aumento de la formación de células nuevas en un órgano o un tejido.

5) Hipoplasia (hipo/plasia): _____ de la formación de células en un órgano o un tejido.

6) Aplasia (a/plasia): defecto que se caracteriza por la ausencia de _ _____ de células, tejidos u órganos.

7) Anencefalia (an/encefalia): se caracteriza por la falta de _____ _____ .

8) Cefalalgia (cefal/algia): _____ de _____ .

9) Hipodérmica (hipo/dérmica): que va o está _____ de la _____ .

10) Adenitis (aden/itis): _____ de una _____ _____ .

11) Adenoma (aden/oma): _____ de estructura semejante al de una _____ .

12) Adenectomía (aden/ectomía): _____ de una _____ .

13) Adenopatía (adeno/patía): _____ de una _____ _____ .

14) Lipoma (lip/oma): _____ que contiene tejido grasoso.

15) Carcinoma (carcin/oma): _____ canceroso o _____ _____ .

16) Carcinoide (carcin/oide): _____ al tumor maligno.

17) Lipoide (lip/oide): _____ a la grasa.

e) Traduce al lenguaje técnico los siguientes enunciados tal como se te indica en el número 1:

1) Algunas mujeres embarazadas padecen de vómito excesivo.
   Algunas mujeres embarazadas padecen de hiperemesis.

2) La disminución de ejercicio puede originar ausencia de crecimiento en un músculo.

_____
_____

3) El aumento de formación de un riñón es muy frecuente en nuestro medio.

_____

_____

4) Pedro tiene disminución de formación de un testículo.

_____

_____

5) La ausencia de formación se observa más a menudo en los órganos pareados: riñones, ovarios y testículos.

_____

_____

6) La falta de cerebro se identifica fácilmente por radiografías del feto.

_____

_____

7) El dolor de cabeza que produce un tumor cerebral puede ser muy agudo.

_____

_____

8) La hipertensión arterial puede provocar dolores de cabeza muy intensos.

_____

_____

9) Los dolores de cabeza que se producen por forzar la vista, generalmente se deben a trastornos oculares o al uso de luz inadecuada.

_____

_____

10) <u>El tumor canceroso o maligno</u> del testículo se desarrolla en hombres jóvenes durante su época sexual más activa.

_____

_____

11) <u>La inflamación de la laringe</u> puede producir obstrucción aguda de las vías respiratorias.

_____

_____

12) En los casos muy avanzados de <u>tumor maligno</u> de laringe puede haber pérdida del habla.

_____

_____

13) <u>El reblandecimiento de los huesos</u> es un trastorno debido a problemas nutricionales.

_____

_____

14) <u>El tumor de hueso</u> es poco frecuente.

_____

_____

15) Doña Lola toma aspirina para la <u>inflamación de sus articulaciones</u>.

_____

_____

f) Completa cada uno de los términos de la derecha de acuerdo a la definición de la izquierda.

1) Relacionado con la cabeza   cefal _____

2) Extirpación de la laringe   laring _____

3) Parecido al hueso _____ oide

4) Inflamación de una glándula _____ itis

5) Sin cerebro an _____

6) Sin desarrollo a _____

7) Sin formación a _____

8) Dolor de cabeza cefal _____

9) Desarrollo exagerado _____ trofia

10) Vómito excesivo hiper _____

11) Extirpación de una glándula aden _____

12) Parecido a la grasa lip _____

13) Tumor maligno carcin _____

14) Dolor de dientes odont _____

15) Hacer una abertura permanente en la laringe laringo _____

16) Inflamación de una articulación _____ itis

17) Inyección que se pone debajo de la piel _____ dérmica

18) Inflamación de un cartílago condr _____

19) Especialista de los dientes _____ ólogo

20) Ablandamiento de los huesos _____ malacia

g) Redacta una oración en la que utilices cada una de las siguientes palabras técnicas:

1) Artritis: _____

_____

2) Osteoma: _____

_____

3) Osteomalacia: _____

_____

4) Laringectomía: _____

_____

5) Laringitis: _____

_____

6) Cefalalgia: _____

_____

7) Anencefalia: _____

_____

8) Hiperemesis: _____

_____

9) Odontólogo: _____

_____

10) Adenitis: _____

_____

h) Relaciona ambas columnas:

1) (   ) Hipertrofia   *a*) Ausencia de desarrollo de un órgano.
2) (   ) Cefalalgia   *b*) Que está debajo de la piel.
3) (   ) Hipodérmica   *c*) Inflamación de un cartílago.
4) (   ) Lipoma   *d*) Tumor del tejido graso.
5) (   ) Adenectomía   *e*) Ciencia que estudia los.
6) (   ) Adenoma   *f*) Dolor de dientes.
7) (   ) Condritis   *g*) Extirpación de una glándula.
8) (   ) Atrofia   *h*) Desarrollo exagerado de un órgano.
9) (   ) Adenopatía   *i*) Tumor de estructura glandular.
10) (   ) Odontología   *j*) Dolor de cabeza.
    k) Extirpación del estómago.
    l) Enfermedad de una glándula.

Módulo III

a) Lee en voz alta lo siguiente:

1) ___κέντησις___: punción.
2) ___χολή___: bilis.
3) ___δίπλοος___: doble.

4) _κόκκος_ _____: grano, coco.

5) _κράνιον_ _____: cráneo.

6) _κύστις_ _____: vejiga, saco, vesícula, quiste.

7) _ὕδωρ_ _____: agua, líquido.

8) _λίθος_ _____: piedra, cálculo.

9) _μέτρον_ _____: medida, instrumento para medir.

10) _ὠτός_ _____: oído.

11) _φόβος_ _____: miedo, temor, horror.

12) _πῦον_ _____: pus.

13) _ῥινός_ _____: nariz.

14) _θεραπεία_ _____: tratamiento, curación.

15) _θώραξ_ _____: tórax.

16) _σκοπέω_ _____: observar, examinar.

17) _ῥέω_ _____: fluir, flujo.

18) _γένος_ _____: origen.

19) _στρεπτός_ _____: trenzado, en forma de cadena.

20) _σταφυλή_ _____: racimo de uvas.

b) Completa el siguiente ejercicio tomando como base el vocabulario anterior.

Palabra griega	Pronunciación	Significado
1) κέντεσις	kéntesis	punción
2)		
3)		
4)		
5)		
6)		
7)		
8)		

9) _____ _____ _____
10) _____ _____ _____
11) _____ _____ _____
12) _____ _____ _____
13) _____ _____ _____
14) _____ _____ _____
15) _____ _____ _____
16) _____ _____ _____
17) _____ _____ _____
18) _____ _____ _____
19) _____ _____ _____
20) _____ _____ _____

c) Completa el siguiente ejercicio como se te indica en el No. 1:

Palabra griega	Pronunciación	Pasa al español	Significado
1) ΚΈΝΤΕΣΙ*Σ*	*Kéntesis*	centesis	*punción*
2) _____	_____	cole	_____
3) _____	_____	diplo	_____
4) _____	_____	coco, coccia	_____
5) _____	_____	craneo	_____
6) _____	_____	cisto	_____
7) _____	_____	hidro	_____
8) _____	_____	lito	_____
9) _____	_____	metro	_____
10) _____	_____	oto	_____
11) _____	_____	fobia	_____
12) _____	_____	pio	_____
13) _____	_____	rino	_____
14) _____	_____	terapia	_____
15) _____	_____	toraco	_____
16) _____	_____	-rrea	_____
17) _____	_____	geno	_____

18) _____ _____ scopio   _____

19) _____ _____ estrepto   _____

20) _____ _____ estafilo   _____

d) Completa las siguientes oraciones:

1) Cistotomía (cisto/tomía): técnica quirúrgica que consiste en efectuar un _corte_____ en la vejiga.

2) Cistitis (cist/itis): _____ de la _____ .

3) Cistectomía: (cist/ectomía): _____ de la _____ _____ .

4) Cistoscopia (cisto/scopia): examen u observación de la _____ _____ .

5) Cistostomía (cisto/stomía): técnica quirúrgica que consiste en la abertura de una _____ u orificio en la _____ .

6) Cistocele (cisto/cele): _____ de la _____ .

7) Torácico (torác/ico): relativo al _____ .

8) Toracoplastía (toraco/plastía): restauración quirúrgica del _____ _____ .

9) Cistoplastía (cisto/plastía): restauración quirúrgica de la _____ _____ .

10) Hidrocefalia (hidro/cefalia): acumulación excesiva de líquido cefalorraquídeo dentro de la _____ .

11) Hidrofobia (hidro/fobia): _____ al _____ .

12) Hidroterapia (hidro/terapia): tratamiento a base de _____ .

13) Estreptococo (estrepto/coco): microbio de figura esférica o cocoide que se agrupa en forma de _____ o _____ .

14) Estafilococo (estafilo/coco): microbio de figura esférica que se agrupa en forma de _____ .

15) Diplococo (diplo/coco): microbio en forma de _____ _____ y que se presenta en pares.

16) Piógeno (pió/geno): que origina o produce _____ .

17) Piorrea (pio/rrea): flujo de _____.

18) Piotórax (pio/tórax): existencia de _____ en la cavidad torácica.

19) Otorrea (oto/rrea): flujo mucoso o purulento que sale del _____

_____.

20) Otitis (ot/itis): _____ del _____.

21) Otalgia (ot/algia): _____ de _____.

22) Rinitis (rin/itis): _____ de la _____.

23) Rinorrea (rino/rrea): flujo de mucosidades por la _____

_____.

24) Rinoplastía (rino/plastía): restauración quirúrgica de la _____

_____.

25) Colecistitis (cole/cist/itis): _____ de la vesícula biliar.

26) Colecistectomía (cole/cist/ectomía): extirpación de la _____

_____ biliar.

e) Traduce al lenguaje técnico los siguientes enunciados tal como se te indica en el ejemplo siguiente:

1) La hernia de la vejiga (vejiga/hernia) es el desplazamiento hacia abajo de la vejiga dentro de la pared de la vagina.

El cistocele es el desplazamiento hacia abajo de la vejiga dentro de la pared de la vagina.

2) La hernia de la vejiga (vejiga/hernia) puede ser producida por lesiones ocurridas en la niñez.

_____

_____

_____

3) Los cocos en cadena (cadena/coco), los cocos en racimo (racimo/coco), los cocos en pares (doble/coco) también se conocen como originadores de pus (pus/origen) ya que producen supuración y absceso.

_____

_____

4) Algunos cocos en racimo (racimo/coco) destruyen los glóbulos rojos de la sangre.

_____

_____

5) Cuando el coco en racimo (racimo/coco) entra al cuerpo del ser humano puede producir inflamación de un hueso (hueso/inflamación), inflamación del corazón (corazón/inflamación), inflamación de las amígdalas (amígdala/inflamación), inflamación del oído (oído/inflamación), etc.

_____

_____

6) Los cocos en cadena (cadena/coco) producen con frecuencia infecciones de vías respiratorias.

_____

_____

7) La inflamación del oído (oído/inflamación) puede ser aguda o crónica.

_____

_____

8) La inflamación del oído (oído/inflamación) puede ser producida por microorganismos que penetran al oído a través de la trompa de Eustaquio.

_____

_____

9) La inflamación del oído (oído/inflamación) puede cursar con dolor de cabeza (cabeza/dolor).

_____

_____

_____

10) La inflamación de la nariz (nariz/inflamación) puede deberse a muchos tipos de inhalantes, alimentos, agentes físicos o bacterias.

_____

_____

_____

11) Los síntomas de la inflamación de la nariz (nariz/inflamación) pueden ser los siguientes: hinchazón, estornudos abundantes y flujo nasal.

_____

_____

_____

12) La inflamación de la vesícula biliar (bilis/vesícula/inflamación) coexiste con cálculos biliares en 90 ó 95% de los pacientes.

_____

_____

_____

13) La inflamación de la vesícula biliar (bilis/vesícula/inflamación) puede aparecer sin que haya cálculos biliares.

_____

_____

_____

14) El tratamiento preferido para la inflamación de la vesícula biliar (bilis/vesícula/inflamación) es quirúrgico.

_____

_____

_____

15) <u>La extirpación de la vesícula biliar</u> (bilis/vesícula/extirpación) tiene un índice bajo de mortalidad en nuestro medio.

_____

_____

_____

f) Completa los espacios vacíos como se te indica al principio de la tabla.

Especialidad	*Definición de la especialidad*	*Especialistas*
Cardiología	Estudio del corazón	Cardiólogo
	Estudio de la célula	
		Dermatólogo
Gastroenterología	Estudio del estómago e intestino	
Patología	Estudio de las enfermedades, su naturaleza y sus causas	
Otorrinolaringología		
		Osteólogo
	Estudio de la enfermedad de la célula	Citopatólogo
	Estudio de los dientes	
	Estudio de las articulaciones	

g) Relaciona ambas columnas:

1) (   ) Hidroterapia   *a)* Cirugía reconstructiva de la nariz.
2) (   ) Litología   *b)* Bacteria que crece en cadenas.
3) (   ) Rinoplastia   *c)* Flujo que sale por la nariz.
4) (   ) Estreptococo   *d)* Que origina pus.
5) (   ) Diplococo   *e)* Punción del tórax.

6) (   ) Rinorrea   f) Bacteria que crece en forma de racimo.
7) (   ) Piógeno   g) Inflamación del oído.
8) (   ) Toracocentesis   h) Estudio de las piedras.
9) (   ) Otitis   i) Tratamiento con agua.
10) (   ) Estafilococo   j) Dolor de nariz.
                               k) Bacteria que crece en pares.

h) Completa cada uno de los términos de la derecha de acuerdo a la definición de la izquierda.

1) Punción del tórax   toraco _____

2) Inflamación de la vesícula biliar   colecist _____

3) Bacteria que crece en forma de racimo   _____ coco

4) Que origina pus   _____ geno

5) Flujo mucoso de la nariz   _____ rrea

6) Flujo del oído   Oto _____

7) Instrumento para examinar el oído   _____ scopio

8) Instrumento para examinar la nariz   rino _____

9) Tratamiento con agua   _____ terapia

10) Inflamación de la nariz   _____ itis

11) Bacteria que crece en pares   diplo _____

12) Horror al agua   hidro _____

13) Dolor de oído   _____ algia

14) Abertura en la vejiga   _____ ostomía

15) Instrumento para examinar la vejiga   cisto _____

16) Examen de la vejiga   _____ scopia

i) Escribe en el paréntesis la letra del inciso que conteste correctamente:

1) (   ) Formación de cálculos en la vesícula biliar:

    a) Colecistitis.
    b) Colelito.
    c) Cístico.
    d) Colelitiasis.

2) (   ) Bacteria que crece en pares y que produce neumonía:

    a) Estafilococo.
    b) Estreptococo.
    c) Diplococo.
    d) Enterococo.

3) (   ) Cirugía plástica del tímpano:

    a) Rinoplastía.
    b) Septumplastía.
    c) Timpanoplastía.
    d) Toracoplastía.

4) (   ) Curación por medio del agua:

    a) Actinoterapia.
    b) Fisioterapia.
    c) Hidroterapia.
    d) Electroterapia.

5) (   ) Formación de piedras:

    a) Orogénesis.
    b) Litogénesis.
    c) Carcinogénesis.
    d) Patogénesis.

6) (   ) Bacteria que crece en cadenas:

    a) Estreptococo.
    b) Gonococo.
    c) Estafilococo.
    d) Diplococo.

7) (   ) Aparato para examinar el oído:

    a) Rinoscopio.
    b) Endoscopio.
    c) Otoscopio.
    d) Oftalmoscopio.

Módulo IV

a) Lee la siguiente lista de palabras griegas y su significado:

1) _ἀγγεῖον_____ , vaso.

2) _ἀρθηρία_____ , arteria.

3) _βλέφαρον_____ , párpado.

4) _αἷμα_____ , sangre.

5) _ὑστέρα_____ , útero.

6) _κίνησις_____ , movimiento.

7) _λύσις_____ , destrucción, disolución.

8) _μέλανος_____ , negro.

9) _μυός_____ , músculo.

10) _νεφρός_____ , riñón.

11) _α_____ , sin.

12) _βραδύς_____ , lento.

13) _δύς_____ , difícil, doloroso.

14) _ταχύς_____ , rápido.

15) _νεῦρον_____ , nervio.

16) _ὠοφορός_____ , ovario.

17) _πέψια_____ , digestión.

18) _πνεύμων_____ , pulmón.

19) _σάλπιγξ_____ , trompa de Falopio.

20) _σκληρός_____ , duro, endurecimiento.

21) _σπέρμα_____ , esperma.

22) _οὖρον_____ , orina.

23) _ῥαφή_____ , sutura.

24) _ῥαγή_____ , hemorragia.

25) _πνέω_____ , respirar.

b) Completa el siguiente ejercicio:

Palabra griega	Pronunciación	Paso al español	Significado
1) ἀγγεῖον	anguíon	angio	vaso
2)		arterio	
3)		blefaro	
4)		hemo	
5)		histerio	
6)		lisis	
7)		melano	
8)		mio	
9)		nefro	
10)		bradi	
11)		dis	
12)		taqui	
13)		neuro	
14)		ooforo	
15)		pepsia	
16)		(p)neumon	
17)		salpingo	
18)		esclero	
19)		esperma(to)	
20)		rragia	
21)		uro-uria	
22)		(p)nea	

c) Completa las siguientes definiciones:

1) Taquicardia (taqui/cardia): ritmo *rápido* del *corazón* .

2) Bradicardia (bradi/cardia): ritmo _____ del _____ .

3) Apnea (a/pnea): sin _____ .

4) Bradipnea (bradi/pnea): ritmo _____ de la _____

_____ .

5) Taquipnea (taqui/pnea): _____ rápido de la _____

_____ .

6) Disnea (dis/nea): _____ difícil.

7) Dispepsia (dis/pepsia): _____ difícil.

8) Arterioesclerosis (arterio/esclerosis): endurecimiento de las _____

_____ .

9) Arteriomalacia (arterio/malacia): _____ de las arterias.

10) Lipólisis (lipó/lisis): _____ de la _____ .

11) Hemólisis (hemó/lisis): _____ de las células de la __

_____ .

12) Ooforectomía (oofor/ectomía): _____ de uno ambos __

_____ .

13) Ooforitis (oofor/itis): _____ de uno o ambos ovarios.

14) Salpingitis (salping/itis): _____ de una o ambas trompas de Falopio.

15) Salpingectomía (salping/ectomía): _____ de una o ambas trompas de Falopio.

16) Salpingooforitis (salping/oofor/itis): _____ de la trompa de Falopio y del _____ .

17) Histerectomía (hister/ectomía): _____ del _____ .

18) Histerómetro (histeró/metro): instrumento que sirve para medir la cavidad del _____ .

19) Histerosalpingooforectomía (histero/salping/oofor/ectomía): _____

_____ del _____ de las trompas y de los ovarios.

20) Blefaritis (blefar/itis): _____ de uno o ambos _____

_____ .

21) Blefarotomía (blefaro/tomía): corte que se realiza en un _____ _____.

22) Blefaroplastía (blefaro/plastía): cirugía reconstructiva de un _____ _____.

23) Nefritis (nefr/itis): _____ del _____.

24) Nefromegalia (nefro/megalia): agrandamiento de un _____.

25) Nefrorrafia (nefro/rrafia): sutura del _____.

26) Cistorrafia (cisto/rrafia): _____ de la _____.

27) Neurorrafia (neuro/rrafia): _____ de un nervio.

28) Blefarorrafia (blefaro/rrafia): _____ de un _____.

29) Cistorragia (cisto/rragia): _____ de la _____.

30) Neumonitis (neumon/itis): _____ del pulmón.

31) Neumopatía (neumo/patía): padecimiento del _____.

32) Neumología (neumo/logía): _____ del _____.

33) Melanoma (melan/oma): tumor de color _____.

34) Melanina (melan/ina): sustancia de color _____ que se distribuye en la piel.

35) Melanocarcinoma (melano/carcin/oma): tumor maligno de color __ _____.

36) Disuria (dis/uria): expulsión dolorosa de la _____.

37) Gastrorragia (gastro/rragia): _____ del _____ _____.

38) Estomatorragia (estomato/rragia): _____ de la boca.

d) Traduce al lenguaje técnico las palabras subrayadas:

1) Más de 150 latidos cardiacos por minuto indican ritmo rápido del corazón.

Más de 150 latidos cardiacos por minuto indican taquicardia.

2) La frecuencia cardiaca lenta puede llevar al paro cardiaco.

_____

_____

3) La falta de respiración por un lapso de 5 a 10 minutos puede producir daño cerebral.

_____

_____

4) Cuando un paciente respira 10 veces por minuto tiene ritmo lento de la respiración.

_____

_____

5) Si un enfermo adulto respira 30 veces por minuto tiene ritmo rápido de la respiración ya que lo normal es respirar de 18 a 20 veces por minuto.

_____

_____

6) Una persona tiene digestión difícil cuando refiere molestia después de comer.

_____

_____

7) Los pacientes con endurecimiento de las arterias deben evitar la actividad física agotadora.

_____

_____

_____

8) Algunos medicamentos pueden provocar <u>destrucción de la sangre</u>.

_____

_____

_____

9) Si el cirujano descubre un tumor en los ovarios, debe practicar una <u>extirpación de ovarios</u>.

_____

_____

_____

10) Es muy raro observar una <u>inflamación de ovarios</u> aislada de una <u>inflamación de las trompas de Falopio</u>.

_____

_____

_____

11) <u>La extirpación del útero</u> es un procedimiento quirúrgico más complicado que la apendicectomía.

_____

_____

_____

12) <u>La inflamación de los párpados</u> generalmente es producida por una infección.

_____

_____

_____

13) <u>La inflamación del riñón</u> puede conducir a la insuficiencia renal y a la muerte.

_____

_____

e) Completa cada una de las palabras médicas de la derecha usando los elementos adecuados y tomando como base la definición anterior.

1) Sin respiración   _____ pnea

2) Ritmo lento del corazón   Bradi _____

3) Respiración difícil   Dis _____

4) Ablandamiento de las arterias   Arterio _____

5) Destrucción de las células de la sangre   Hemó _____

6) Extirpación de un ovario   _____ ectomía

7) Inflamación de las trompas de Falopio   _____ itis

8) Extirpación del útero   Hister _____

9) Instrumento para medir el útero   _____ metro

10) Inflamación de un párpado   _____ itis

11) Inflamación de un riñón   Nefr _____

12) Sutura de un nervio   Neuro _____

13) Sutura de la vejiga   Cisto _____

14) Hemorragia de la vejiga   _____ rragia

15) Inflamación del pulmón   Neumon _____

16) Cualquier padecimiento del pulmón   _____ patía

17) Estudio del pulmón   _____ logía

18) Tumor de color negro   _____ oma

19) Dificultad para orinar   Dis _____

f) Relaciona ambas columnas:

1) ( ) Taquicardia   *a)* Endurecimiento de las arterias.
2) ( ) Bradipnea   *b)* Extirpación de las trompas de Falopio.
3) ( ) Arteriosclerosis   *c)* Substancia negra de la piel.
4) ( ) Salpingectomía   *d)* Sutura de un párpado.
5) ( ) Blefaroplastía   *e)* Ritmo rápido del corazón.
6) ( ) Melanocarcinoma   *f)* Respiración rápida.
7) ( ) Gastrorragia   *g)* Ritmo lento de la respiración.
8) ( ) Melanina   *h)* Cirugía reconstructiva de un párpado.
9) ( ) Blefarorrafia   *i)* Tumor maligno de color negro.
10) ( ) Taquipnea   *j)* Hemorragia del estómago.
                                            k) Extirpación de un ovario.
                                            l) Ritmo lento del corazón.

Módulo V

a) Lee las siguientes palabras griegas y su significado:

1) χεῖλος _____, labio.

2) κῶλον _____, colon, intestino grueso.

3) δάκτυλος _____, dedo.

4) δίπλοος _____, doble.

5) δρόμος _____, carrera.

6) ἔκτασις _____, dilatación.

7) ἔντερον _____, intestino delgado.

8) οἰσόφαγος _____, esófago.

9) αἴσθησις _____, sensación.

10) γλῶσσα _____, lengua.

11) ἧπαρ _____, hígado.

12) μυελός _____, médula.

13) φάσις _____, habla.

14) φλεβός _____, vena.

15) πρωκτός _____, ano.

16) ψυχή _____, mente.

17) θέρμη _____, calor.

18) διά _____, a través de.

19) μακρός _____, grande.

20) μικρός _____, pequeño.

21) πολύς _____, mucho.

22) πρό _____, delante.

23) σύν _____, con, unión.

24) ὀπός _____, vista.

25) πλῆξις _____, parálisis.

b) Completa el siguiente ejercicio como se indica en los Nos. 1 y 2.

Palabra griega	Pronunciación	Paso al español	Significado
1) χειλος	jeilos	queilo	labio
2) κωλον	eólon	colo	eolon
3)		dactilo	
4)		diplo	
5)		dromo	
6)		ectasia	
7)		entero	
8)		esófago	
9)		estesia	
10)		gloso	
11)		hepato	
12)		mielo	
13)		fasia	
14)		flebo	
15)		procto	
16)		psico	
17)		termo	
18)		dia	
19)		macro	
20)		micro	
21)		poli	
22)		pro	
23)		sin	
24)		opia	
25)		plejia	

c) Completa cada uno de los términos de la izquierda de acuerdo a la definición de la derecha:

1) Estomat ___*itis*___ Inflamación de la boca.

2) _____ algia Dolor de boca.

3) _____ plastía Cirugía plástica de la boca.

4) Glos _____ Dolor de lengua.

5) _____ itis Inflamación de lengua.

6) _____ plejía Parálisis de la lengua.

7) Queil _____ Inflamación de los labios.

8) _____ estomatoplastía Cirugía reconstructiva de labios y boca.

9) _____ entérico Relacionado con el estómago y el intestino.

10) _____ ectasia Dilatación del intestino delgado.

11) Gastr _____ Dilatación del estómago.

12) _____ centesis Punción del intestino delgado.

13) Colo _____ Punción del colon.

14) Col _____ Inflamación del colon.

15) _____ stomía Boca o abertura en el colon.

16) Proct _____ Inflamación del ano.

17) _____ scopio Aparato para observar el ano.

18) _____ megalia Agrandamiento del hígado.

19) _____ itis Inflamación del hígado.

20) Hepát _____ Relativo al hígado.

21) _____ esclerosis Endurecimiento de una vena.

22) _____ itis Inflamación de las venas.

23) _____ rrea Flujo de la nariz.

24) Hiper _____ Sensibilidad excesiva.

25) Hipo _____ Sensibilidad disminuida.

26) An _____ Sin sensibilidad.

27) Taqui _____ Habla rápida.

28) _____ fasia Habla difícil.

29) Dipl _____ Vista doble.

30) Electromio _____ Registro gráfico de la actividad eléctrica de un músculo.

31) Neur _____ Dolor de un nervio.

32) Neuro _____ Ciencia que estudia el sistema nervioso.

33) _____ patía Enfermedad del sistema nervioso.

34) _____ itis Inflamación de un nervio.

35) Polineur _____ Inflamación de muchas terminaciones nerviosas.

36) Psico _____ Ciencia que estudia la mente, sus facultades y operaciones.

37) _____ metría Medida de la actividad mental.

38) Neuropsico _____ Ciencia que estudia las relaciones entre el sistema nervioso y la mente.

39) Psico _____ Enfermedad de la mente.

40) Termó _____ Aparato para medir la temperatura.

41) Térm _____ Relativo al calor.

42) Hiper _____ Temperatura excesiva.

43) _____ termia Temperatura baja.

44) _____ metro Instrumento para medir objetos muy pequeños o microscópicos.

45) _____ céfalo De cabeza grande.

46) _____ glosia Agrandamiento de la lengua.

47) _____ cito Célula grande.

48) _____ itis Inflamación de los dedos.

49) _____ uria Anormalidad que consiste en orinar muchas veces al día.

50) Dis _____ Acto de orinar con dolor.

51) Neuró _____   Especialista en enfermedades del sistema nervioso.

52) Micro _____   De cabeza pequeña.

53) Miel _____   Inflamación de la médula espinal.

54) Mielo _____   descripción radiográfica de la médula espinal.

d) Escribe en la línea en blanco el término que se ajuste al contexto dado.

1) La _____ *gastritis* _____ es originada por el exceso de acidez en el estómago.

— Nefritis.
— Gastritis.
— Glositis.

2) Los alcohólicos padecen de enfermedad _____ por los efectos que produce el alcohol en el hígado.

— Hepática.
— Gástrica.
— Entérica.

3) Las _____ se producen como resultado de los trastornos de un nervio.

— Cefalalgias.
— Glósalgias.
— Neuralgias.

4) Muchos _____ tienen tendencias criminales.

— Neurólogos.
— Psicópatas.
— Psicólogos.

5) La _____, debida a la contaminación de los alimentos, es la causa principal de mortalidad infantil en México.

— Gastroenteritis.
— Microcefalia.
— Rinorrea.

6) La _____ es un signo de infección de las vías urinarias.

— Queilitis.
— Disuria.
— Macroglosia.

7) El paciente presentó _____ de 39°C el día de ayer.

— Hipotermia.
— Atermia.
— Hipertermia.

8) Todo cardiópata está propenso a sufrir un infarto del _____

_____ .

— Miocardio.
— Ojo.
— Bazo.

9) La _____ es una anormalidad visual que consiste en ver duplicados los objetos.

— Afasia.
— Diplopia.
— Hiperestesia.

10) El neurólogo recomendó al paciente una _____

_____ para estudiar los músculos de las extremidades inferiores.

— Electroencefalograma.
— Electrocardiograma.
— Electromiografía.

e) Escribe dentro del paréntesis la letra del inciso que conteste correctamente.

1) (   ) Inflamación de la boca.

a) Gastritis.
b) Rinitis.
c) Estomatitis.

2) (   ) Dolor de lengua.

    a) Estomatalgia
    b) Glosalgia.
    c) Enteralgia.

3) (   ) Cirugía plástica de los labios.

    a) Queiloplastía.
    b) Rinoplastía.
    c) Otoplastía.

4) (   ) Agrandamiento del hígado.

    a) Acromegalia
    b) Esplenomegalia
    c) Hepatomegalia.

5) (   ) Flujo de la nariz.

    a) Otorrea.
    b) Rinorrea.
    c) Leucorrea.

6) (   ) Inflamación de las venas.

    a) Arteritis.
    b) Flebitis.
    c) Artritis.

7) (   ) Ausencia de sensibilidad.

    a) Anestesia.
    b) Hiperestesia.
    c) Hipoestesia.

8) (   ) Sin habla.

    a) Disfasia.
    b) Afasia.
    c) Taquifasia.

9) (   ) Padecimiento del sistema nervioso.

     a) Neuropatía.
     b) Nefropatía.
     c) Artropatía.

10) (   ) Agrandamiento de la lengua.

     a) Macroglosia.
     b) Macrorinia.
     c) Macrocefalia.

Módulo VI

a) Lee en voz alta las siguientes palabras griegas y su significado:

1) χλωρός , verde.
2) ἐρυθρός , rojo.
3) γυνή , mujer.
4) μήν , luna, menstruación.
5) ὀφθαλμός , ojo.
6) ὀρχίς , testículo.
7) ἔνδον , dentro.
8) σπλήν , bazo.
9) θρόμβος , coágulo.
10) ποδός , pie.
11) ὀδόντος , diente.
12) φύλλον , hoja.
13) μαστός , pecho, pezón, mama.
14) ὀλίγος , poco(s).
15) ἔξω , afuera.
16) κρίνω , segregar.
17) ὀδύνη , dolor.

b) Completa el siguiente ejercicio como se te indica en el No. 1:

Palabra griega	Pronunciación	Paso al español	Significado
1) χλώρος	*jloros*	cloro	*verde*
2) _____	_____	eritro	_____
3) _____	_____	gineco	_____
4) _____	_____	meno	_____
5) _____	_____	oftalmo	_____
6) _____	_____	orqui	_____
7) _____	_____	endo	_____
8) _____	_____	espleno	_____
9) _____	_____	trombo	_____
10) _____	_____	podo	_____
11) _____	_____	odonto, odoncia	_____
12) _____	_____	filo, fila	_____
13) _____	_____	masto, mastia	_____
14) _____	_____	oligo	_____
15) _____	_____	exo	_____
16) _____	_____	crino	_____
17) _____	_____	odino, odinia	_____

c) Completa las siguientes proposiciones:

1) Clorofila (cloro/fila): pigmento ___*verde*___ de las ___*hojas*___ de los vegetales.

2) Eritrocito (eritro/cito): _____ roja de la sangre.

3) Eritrodermia (eritro/dermia): coloración _____ de la piel.

4) Eritrocituria (eritro/cit/uria): eliminación anormal de células ____ _____ por la _____.

5) Ginecología (gineco/logía): _____ de la _____ _____.

6) Ginecomastia (gineco/mastia): desarrollo anormal de las _____ _____ en el hombre (semejantes a las de la mujer).

7) Hipermenorrea (hiper/meno/rrea): exceso de _____ menstrual.

8) Hipomenorrea (hipo/meno/rrea): disminución del flujo _____ _____.

9) Amenorrea (a/meno/rrea): ausencia de flujo _____ _____.

10) Dismenorrea (dis/meno/rrea): flujo _____ doloroso.

11) Oligomenorrea (oligo/meno/rrea): _____ menstrual _____ ____ frecuente.

12) Oftalmoscopio (oftalmo/scopio): aparato para observar los _____ _____.

13) Exoftalmía (exo/oftalmía): situación saliente del _____.

14) Oftalmología (oftalmo/logía): _____ que estudia los _____ _____.

15) Oftalmoplastía (oftalmo/plastía): cirugía plástica o reconstructiva de los _____.

16) Oftalmitis (oftalm/itis): _____ del _____.

17) Orquitis (orqu/itis): _____ de los _____ _____.

18) Orquialgia (orqui/algia): _____ de los _____.

19) Orquiectomía (orqui/ectomía): extirpación uni o bilateral de los __ _____.

20) Endodoncia (end/odoncia): parte de la odontología que trata las enfermedades de la parte interna de los _____.

21) Endocrinología (endo/crino/logía): _____ que estudia las glándulas de secreción interna. _____

22) Endocardio (endo/cardio): membrana interna del _____ _____.

23) Endoarteritis (endo/arter/itis): _____ de la capa interna de una _____ .

24) Endoscopio (endo/scopio): aparato para _____ las cavidades internas del organismo.

25) Esplenomegalia (espleno/megalia): agrandamiento del _____ .

26) Esplenitis (esplen/itis): _____ del _____ .

27) Esplenectomía (esplen/ectomía): _____ del _____ .

28) Esplenorragia (espleno/rragia): hemorragia del _____ .

29) Trombocito (trombo/cito): _____ de la coagulación también conocida como plaqueta.

30) Tromboflebitis (trombo/flebitis): inflamación de una vena provocada por _____ .

31) Trombectomía (tromb/ectomía): _____ de un coágulo.

32) Podálico (podál/ico): relativo a los _____ .

33) Mastitis (mast/itis): _____ de las mamas.

34) Mastodinia (mast/odinia): _____ en la región mamaria.

35) Mastectomía (mast/ectomía): _____ de una mama.

36) Mastopatía (masto/patía): _____ de las _____ .

37) Artrodinia (artr/odinia): _____ de las _____ _____ .

38) Mastoplastía (masto/plastía): cirugía plástica de una _____ _____ .

39) Oliguria (olig/uria): poca _____ .

40) Odinofagia (odino/fagia): _____ al deglutir.

e) Substituye las expresiones subrayadas por términos técnicos:

1) La sangre es un líquido viscoso compuesto por células rojas y plasma.

La sangre es un líquido viscoso compuesto por eritrocitos y plasma.

2) La ciencia que estudia las <u>enfermedades de la mujer</u> va de la mano de la obstetricia.

_____

_____

3) La <u>menstruación dolorosa</u> ataca aproximadamente al 10% de las jóvenes adolescentes.

_____

_____

4) La <u>inflamación de los ojos</u> puede ser producida por el gonococo.

_____

_____

5) La <u>inflamación de los testículos</u> puede ser consecuencia de una parotiditis ("paperas").

_____

_____

6) El estudio de las <u>glándulas de secreción interna</u> constituye un campo de la medicina con un gran desarrollo.

_____

_____

7) La <u>inflamación de una vena por coágulos</u> es más frecuente en las extremidades inferiores (piernas).

_____

_____

8) El <u>agrandamiento del bazo</u> puede advertirse mejor si se tienen conocimientos de fisiología y patología.

_____

_____

9) <u>La enfermedad de la mama</u> es más frecuente en mujeres que no tienen hijos.

_____

_____

10) Después de un sangrado excesivo es frecuente encontrar <u>disminución de orina</u> (oligo/uria).

_____

_____

_____

d) Selecciona la respuesta correcta:

1) (   ) Pigmento verde de las hojas de los vegetales:

    a) Cloro.
    b) Cloroformo.
    c) Clorofila.

2) (   ) Eliminación anormal de células rojas por la orina:

    a) Eritrocituria.
    b) Leucocituria.
    c) Anuria.

3) (   ) Desarrollo de mamas feminoides en el hombre:

    a) Ginecoplastía.
    b) Ginecolatría.
    c) Ginecomastia.

4) (   ) La ausencia de flujo menstrual:

    a) Amenorrea.
    b) Hipomenorrea.
    c) Oligomenorrea.

5) (   ) Padecimiento de los ojos:

    a) Oftalmoplastía.
    b) Oftalmología.
    c) Oftalmopatía.

6) (   ) Extirpación de los testículos:

    a) Orquiectomía.
    b) Orquitis.
    c) Orquialgia.

7) (   ) Membrana que recubre el interior del corazón:

    a) Epicardio.
    b) Endocardio.
    c) Miocardio.

8) (   ) Hemorragia del bazo:

    a) Gastrorragia.
    b) Enterorragia.
    c) Esplenorragia.

9) (   ) Célula que interviene en el proceso de la coagulación:

    a) Eritrocito.
    b) Trombocito.
    c) Leucocito.

10) (   ) Extirpación de una mama:

    a) Mastectomía.
    b) Vasectomía.
    c) Histerectomía.

11) (   ) Dolor de las articulaciones:

    a) Artropatía.
    b) Artritis.
    c) Artrodinia.

12) ( ) Cirugía plástica de una mama:

    a) Mastodinia.
    b) Mastoplastía.
    c) Mastectomía.

13) ( ) Dolor al deglutir:

    a) Odinofagia.
    b) Odinofobia.
    c) Anodinia.

Módulo VII

a) Llena los espacios vacíos, sigue como ejemplo los Nos. 1 y 2.

Palabra griega	Pronunciación	Significado

1) Acalasia

    a) _____a_____   _____*a*_____   *sin, carencia*
    b) _χάλασις_   *jalasis*   relajación
    Ausencia de _*relajación*_ de una abertura o esfínter.

2) Acatisia

    a) _____a_____   _____*a*_____   *sin, carencia*
    b) _καθίζω_   *cathizo*   sentarse
    Imposibilidad neurótica de permanecer _*sentado*_ .

3) Alopecia

    a) _ἀλώπηξ_   _____   zorra
    Caída de pelo; enfermedad frecuente en la _____.

4) Anorexia

    a) _____a_____   _____   _____
    b) _ὄρεξις_   _____   apetito
    Sin _____ .

5) Ataxia

a) _____   _____   ___ sin ___

b) ___ τάξις ___   _____   orden

Pérdida del _____ de los movimientos voluntarios.

6) Biopsia

a) ___ βίος ___   _____   _____

b) ___ ὄψις ___   _____   vista

Corte de un tejido vivo para investigar su naturaleza.

7) Cirrosis

a) ___ σκιρρός ___   _____   duro

Endurecimiento de un órgano.

8) Cirugía

a) ___ χείρ ___   _____   mano

b) ___ ἔργον ___   _____   trabajo, operación

Operación hecha con las _____.

9) Escoliosis

a) ___ σκολιός ___   _____   torcido

Desviación lateral de la columna.

10) Esquizofrenia

a) ___ σχίξω ___   _____   dividir, disociar

b) ___ φρήν ___   _____   mente

Disociación de la _____.

11) Esteatorrea

a) ___ στέατος ___   _____   grasa

b) ___ ῥέω ___   _____   flujo, expulsión

Expulsión de excremento con _____.

12) Estenosis

a) _____στενός_____ _____ estrecho

Estrechez.

13) Hematemesis

a) _____αἷμα_____ _____ sangre

b) _____ἔμεσις_____ _____ vómito

Vómito con _____.

14) Hemoptisis

a) _____ _____ sangre

b) _____πτύσις_____ _____ expectoración

Expectoración con _____.

15) Ictericia

a) _____ἴκτερος_____ _____ amarillo

Coloración _____ de la piel por depósitos anormales de bilis.

16) Melena

a) _____μέλαινα_____ _____ negra

Expulsión de sangre _____ por el ano.

17) Menarquia

a) _____μήν_____ _____ menstruación

b) _____ἀρχή_____ _____ principio

Primera _____.

b) Escoge el término que más convenga según el contexto dado:

1) La ___alopecia___ puede conducir a la calvicie total.

   a Acalasia.
   b) Alopecia.
   c) Acatisia.

2) El patólogo revisó la _____ de pulmón para descartar un cáncer.

    a) Ataxia.
    b) Cirugía.
    c) Biopsia.

3) Algunas neurosis terminan en _____.

    a) Ictericia.
    b) Esquizofrenia.
    c) Cirrosis.

4) Algunos tosedores crónicos padecen de _____.

    a) Acalasia.
    b) Melena.
    c) Hemoptisis.

5) La _____ inicia por lo general a los doce años.

    a) Menarquia.
    b) Ictericia.
    c) Cirrosis.

c) Selecciona la respuesta correcta:

1) (   ) Ausencia de relajación de una abertura o esfínter:

    a) Acalasia.
    b) Acatisia.
    c) Anorexia.

2) (   ) Sin apetito:

    a) Alopecia.
    b) Acatisia.
    c) Anorexia.

3) (   ) Endurecimiento de un órgano:

    a) Ataxia.
    b) Cirrosis.
    c) Escoliosis.

4) (   ) Vómito sanguinolento:

    a) Estenosis.
    b) Hemoptisis.
    c) Hematemesis.

5) (   ) Expulsión de sangre negra o digerida por el ano:

    a) Melena.
    b) Ictericia.
    c) Hematemesis.

Tecnicismos y cultismos españoles derivados del latín

OBJETIVO GENERAL:

- Análisis de tecnicismos y cultismos españoles derivados del latín.

OBJETIVOS PARTICULARES:

4.1. Conocer las reglas fundamentales de la fonética latina.
4.2. Recordar los conceptos: cambios fonético, morfológico y semántico; tecnicismo y cultismo; fonema, morfema, lexema y gramema.
4.3. Clasificar palabras en cuya composición intervengan lexemas derivados de sustantivos, adjetivos y verbos latinos.

4.1.1. REGLAS FUNDAMENTALES DE LA FONÉTICA LATINA

El abecedario latino consta de las 25 letras siguientes: A B C D E F G H I J K L M N O P Q R S T U V X Y Z.

Principales reglas de pronunciación:

1. Los diptongos **ae, oe,** se pronuncian como **e.** Por ejemplo: **praeda** (preda), la presa; **poena** (pena), la pena.
2. Las sílabas **ja, je, ji, jo, ju,** se pronuncian **ya, ye, yi, yo, yu** respectivamente. Por ejemplo: **janua** (yanua), la puerta; **jus** (yus), el derecho.

3. La doble **l**, como una sola **l** pero alargada. Ejemplo: **bellum** (bel-lum), la guerra.

4. **Ph** como **f**. Por ejemplo: **philosophía** (filosofía), la filosofía.

5. **Ch** como **k**, v. gr. **pulchritúdo** (pulkritúdo), la belleza.

6. La sílaba "**ti medial**", seguida de otra vocal, suena **tsi**, excepto cuando va precedida de **s, x** u otra **t**. Ejemplos:
   operatio (operatsio), la operación.
   inertia (inertsia), la inercia.
   ustio (ustio), la quemadura.
   mixtio (mixtio), la mezcla.
   Bruttii (bruti), los Abruzos.

7. La **h** es muda, al igual que en español. Ejemplo: **hodie** (odie), hoy. Excepto: **mihi** (miki), para mí y **nihil** (nikil), nada.

8. La "**c**" ante "**e**", "**i**", "**ae**" y "**oe**" se pronuncia como "**ch**". Ejemplos: **civitas** (chívitas), la ciudad; **acer** (acher), lo agrio.

9. Las sílabas **ge** y **gi**, se pronuncian **ye, yi**, respectivamente. Ejemplos: **genu** (yenu), la rodilla; **genus** (yenus), el género; **magíster** (mayíster), el maestro.

10. El digrama **gn**, se pronuncia como ñ. Ejemplos: **agnus** (añus), el cordero; **regnare** (reñare), reinar.

N.B. Las reglas de pronunciación latina que hemos dado son una síntesis de la usual, italiana y clásica. No se sabe con certeza cómo pronunciaban los romanos su idioma, sin embargo, si tuviésemos que escoger alguna de las tres pronunciaciones mencionadas, preferiríamos indudablemente la italiana, la del pueblo en que nació y floreció el latín ya que, entre otras razones, facilita la ortografía no sólo del español, sino de cualquier lengua romance.

En latín no existe el acento gráfico, no obstante, por razones pedagógicas, lo usaremos en todas aquellas palabras cuya lectura pudiera ofrecer alguna dificultad. El latín no tiene palabras agudas ni sobresdrújulas; sólo graves y esdrújulas.

4.1.2. EJERCICIOS DE LECTURA LATINA

1. **vacca**, vaca
   gallina, gallina
   ángelus, ángel
   equus, caballo
   aequus, igual
   herba, hierba
   puella, niña

   moestus, triste
   niger, negro
   pulcher, hermoso
   longínquus, lejano
   bellum, guerra
   argéntum, plata
   índiges, necesitado

praeda, presa	**phalanx,** falange
amoena, amena	**exércitus,** ejército
lingua, lengua	**perníties,** ruina
magna, grande	**caédere,** matar
magístra, maestra	**facies,** aspecto
sapiéntia, sabiduría	**laétitia,** alegría
tellus, tierra	**haeres,** heredero
dulcédo, dulzura	**requies,** descanso

2. Rosae silvárum púlchrae sunt.
   Praedae gallinárum sunt formícae.
   In silva non sunt palmae neque uvae.
   Ego amo colúmbas albas et áquilas magnas.
   Fámulae agrícolae dant rosas puellae.
   Non sunt herbae neque rosae neque uvae ubi non est aqua.
   Pulchra luna lucet inter stellas.
   Regína dat pecúniam filiábus parvis sédulae dóminae.
   Puellae dant aquam magístrae suae.
   Semper fúit magna laétitia dóminae dare vitam filiábus et míttere
   aquam terris ubi sunt palmae et rosae rubrae.

3. Poema "In Taberna"

4. IN TABERNA   EN LA TABERNA

In taberna quando sumus,   Cuando estamos en la taberna,
non curamus, quid sit humus,   no nos preocupa nuestra
                                              [sepultura,
sed ad ludum properámus,   pero nos apresuramos a
                                          dedicarnos al juego
cui semper insudámus;   del que siempre nos ocupamos
                                          con diligencia;
quid agátur in tabérna,   lo que se hace en la taberna,
ubi nummus est pincérna,   donde la moneda es el copero,
hoc est opus ut quaerátur;   es problema digno de ser
                                              [averiguado;
si quid loquar, audiátur.   si se quiere que hable de ello,
                                          [que me escuchen.

Quidam ludunt, quidam bibunt,	Unos juegan, otros beben
quidam indiscréte vivunt;	y otros viven licenciosos;
sed in ludo qui morantur,	pero de los que se detienen en
	[el juego,
ex his quidam denudantur;	unos son desvestidos,
quidam ibi vestiúntur,	otros allí son vestidos
quidam saccis induúntur;	y otros cubiertos de andrajos;
ibi nullus timet mortem,	aquí, nadie teme la muerte,
sed pro Baccho mittunt sortem:	mas echan las suertes por Baco:
Primo pro nummáta vini:	Primero por el pago del vino;
ex hac bibunt libertíni:	de esto beben los calaveras:
semel bibunt pro captívis.	primero beben por los cautivos,
post haec bibunt ter pro vivis:	luego y por tercera vez beben
	[por los que viven;
quater pro Christianis cunctis,	cuarto por todos los Cristianos,
quinquies pro fidélibus	quinto por los difuntos fieles,
defunctis,	
sexies pro soróribus vanis,	sexto por las frívolas hermanas,
septies pro milítibus silvanis.	séptimo por los salteadores,
Octies pro frátribus perversis,	Octavo por los perversos
	[hermanos,
nonies pro monáchis dispersis	noveno por los monjes
	[fugitivos,
decies pro navigántibus,	décimo por los navegantes,
undécies pro discordántibus,	undécimo por los pendencieros,
duodécies pro poeniténtibus,	duodécimo por los penitentes,
tredécies pro iter agéntibus.	décimo tercero por los
	[caminantes.
Tam pro papa quam pro rége	Ora por el Papa, ora por el rey
bibunt omnes sine lege.	beben todos fuera del orden.
Bibit hera, bibit herus,	Bebe la señora, bebe el señor,
bibit miles, bibit clerus,	bebe el soldado, bebe el clérigo,
bibit ille, bibit illa,	bebe aquél, bebe aquélla,
bibit servus cum ancílla.	beben el siervo y la sierva.
Bibit velox, bibit piger,	Bebe el ágil, bebe el lerdo,
bibit albus, bibit niger,	bebe el blanco, bebe el negro,

bibit constans, bibit vagus,

bibit rudis, bibit magus.

Bibit pauper et aegrótus,
bibit exsul et ignótus,
bibit púer, bibit canus,
bibit praesul et decanus,
bibit soror, bibit frater,

bibit anus, bibit mater,
bibit ista, bibit ille,
bibunt centum, bibunt mille.

Parum centum sex nummátae

durant, cum immoderate
bibunt omnes sine meta,
quamvis bibant mente laeta.
Sic nos rodunt omnes géntes,
et sic érimus egéntes.
Qui nos rodunt, confundántur

et cum iustis non scribántur.

bebe el constante, bebe el vago,
bebe el tosco, bebe el sabio.

Beben el pobre y el enfermo,
beben el desterrado y el
                            [desconocido,
bebe el niño, bebe el anciano,
beben el obispo y el decano,
bebe la hermana, bebe el
                            [hermano,
bebe la abuela, bebe la madre,
bebe ésta, bebe aquél,
beben centenares, beben miles.

Poco duran ciento seis rondas
                            [de vino,
cuando inmoderadamente
beben todos sin límite,
aunque beben con alegría.
Así, toda la gente nos critica.
Así, seremos pobres.
Que sean confundidos los que
                            [nos censuran,
y que no sean anotados (en el
[libro de la vida) con los justos.

5. Frases célebres   Significado

Veni, vidi, vici

Llegué, ví, vencí.
Julio César.

Vae victis!

¡Ay de los vencidos!
Tito Livio.

O témpora! O mores!

¡Oh tiempos! ¡Oh costumbres!
Cicerón.

Non omnis moriar

No moriré del todo.
Horacio.

Ex níhilo, nihil

De la nada, nada.
Aulo Persio.

Post mortem nihil est

Después de la muerte no hay nada.
Séneca.

Vánitas vanitátum et omnia vánitas	Vanidad de vanidades y todo vanidad. San Jerónimo.
Ama et fac quod vis	Ama y haz lo que quieras San Agustín.
Nulla dies sine línea	Ni un día sin una línea Plinio.

6. Obras clásicas   Significado

De revolutiónibus orbium coeléstium	Sobre las revoluciones de las órbitas celestiales Copérnico.
Principia philosophíae	Principios de filosofía Descartes
Systema naturae	Sistema de la naturaleza Linneo.
Disquisitiones arith- méticae	Disquisiciones de Aritmética Gauss.
Philosophíae naturalis principia mathemática	Principios matemáticos de la filosofía natural Newton.

7. Lenguaje científico

1) *Entamoéba histólytica* _____ Amiba intestinal.

2) *Bos índicus* _____ Cebú.

3) *Húmerus* _____ Húmero.

4) *Élephas máximus* _____ Elefante indio.

5) *Os sacrum* _____ Hueso sacro.

6) *Colon descéndens* _____ Colon.

7) *Umbílicus* _____ Ombligo.

8) *Cancer magister* _____ Cangrejo gigante.

9) *Camélus bactriánus* _____ Camello común.

10) *Abies alba* _____ Abeto blanco.

11) *Allium cepa* _____ Cebollas.

12) *Campánula latifolia* _____ Campánula de hoja ancha.

13) *Fragária vesca* _____ Fresas.

14) *Dromedarius* _____ Dromedario.

15) *Cárcinus maénas* _____ Congrejo de mar común.

16) *Castor canadénsis* _____ Castor americano.

17) *Tendo achillis* _____ Tendón de Aquiles.

18) *Radix dentis* _____ Raíz de diente.

19) *Felis sylvestris* _____ Gato montés.

20) *Felis catus* _____ Gato doméstico.

21) *Periplaneta americana* _____ Cucaracha americana.

22) *Pantroglodytes* _____ Chimpancé.

23) *Balaenóptera músculus* _____ Ballena azul.

24) *Passiflora caerúlea* _____ Pasionaria.

25) *Ovarium* _____ Ovario.

26) *Cranium* _____ Cráneo.

27) *Glans penis* _____ Glande del pene.

28) *Cerebellum* _____ Cerebelo.

29) *Oesophagus* _____ Esófago.

30) *Vesica fellea* _____ Vesícula biliar.

31) *Falco peregrinus* _____ Halcón peregrino.

32) *Ascaris lumbricoides* _____ Lombriz intestinal.

33) *Trichinella spiralis* _____ Triquina.

4.2.1. REPASO DE ALGUNOS CONCEPTOS

Con la finalidad de aplicar adecuadamente la técnica de composición y derivación de palabras españolas provenientes del latín, se hace necesario recordar los conceptos siguientes, ya definidos y explicados ampliamente en las unidades II y III. (Consulta en el lugar correspondiente y escribe las definiciones que a continuación se enuncian.)

Cambio fonético: _____

Cambio morfológico: _____

Cambio semántico: _____

Tecnicismo: _____

Cultismo: _____

Fonema: _____

Morfema: _____

Lexema: _____

Gramema: _____

4.3.1. TECNICISMOS DERIVADOS DEL LATÍN

4.3.1.1. Tecnicismos y cultismos de las disciplinas filosóficas

Módulo I

a) Todas las palabras que a continuación veremos dieron origen a una doctrina filosófica añadiendo la terminación "ismo", que ya conoces.

Haz los demás en forma semejante.

1) Anima (alma) originó anim*ismo* .

2) Creatio (creación) originó creacion*ismo* .

3) Deus, Dei (Dios), De*ismo* .

4) Determinare (limitar), determin_____ .

5) Dualis (de dos), dual_____ .

6) Scholasticus (de escuela), escolastic_____ .

7) Evolutio-evolutionis (evolución), evolucion_____ .

8) Fatalis (destinado), fatal_____ .

9) Fides, fidei (fe), fide_____ .

10) Finalis (que tiene fin), final_____ .

11) Inmanens, inmanentis (que está dentro), inmanent_____ .

12) Nihil (nada), nihil_____ .

13) Nominalis (relativo al nombre), nominal_____ .

14) Optimus (el mejor), optim_____ .

15) Rationalis (de razón), racional_____ .

16) Realis (relativo a la cosa), real_____ .

17) Solus (solo) e ipse (yo mismo), solips_____ .

18) Vitalis (relativo a la vida) originó, vital_____ .

19) Innatus (congénito), innat_____ .

20) Líbertas (libertad), libertar_____ .

b) Llena los espacios vacíos con la palabra correspondiente. Sigue como ejemplo el No. 1.

1) Evolucionismo: doctrina que explica la realidad como producto de *evolución* natural.

2) Realismo: sistema filosófico que admite la existencia de las _____ .

3) _____ : doctrina de la Edad Media sostenida por los Padres de la Iglesia que tenían a su cargo la enseñanza de las escuelas y universidades.

4) Determinismo: doctrina que considera al hombre totalmente ____ _____ por leyes de toda índole.

5) _____ : doctrina que admite dos elementos independientes en toda realidad.

6) Deísmo: doctrina que afirma la existencia de _____ .

7) _____ : sistema filosófico contrario al evolucionismo que predica la creación del mundo realizada por Dios.

8) Nihilismo: sistema según el cual _____ se puede conocer o bien _____ existe.

9) Vitalismo: sistema filosófico que pone a la _____ como el valor supremo y verdadera realidad.

10) Fatalismo: doctrina según la cual el hombre se halla _____ ____ de antemano por Dios.

11) Animismo: doctrina que atribuye a todas las cosas _____ .

12) Libertarismo: sistema que considera al hombre en absoluta _____ _____ para pensar.

13) Innatismo: doctrina que cree en la existencia de ideas _____.

14) Racionalismo: doctrina según la cual la _____ es la única fuente de conocimiento verdadero.

15) _____: doctrina que considera a este mundo como el mejor que existe.

16) Nominalismo: doctrina según la cual no tenemos ideas generales sino sólo _____ o palabras con las que evocamos a las cosas.

17) Inmanentismo: _____ según la cual todos los elementos de una realidad se implican mutuamente.

18) _____: doctrina de quienes ponen por encima de todo la fe.

19) _____: doctrina en la que no existe para el sujeto pensante otra realidad que sólo él mismo.

20) _____: doctrina que admite que todo tiene un fin o propósito.

c) Escribe la palabra que corresponda en el espacio vacío.

1) *Libertarista*_____ es un seguidor o representante del libertarismo.

2) _____ es un seguidor o representante del nominalismo.

3) _____ es un seguidor o representante del evolucionismo.

4) _____ es un seguidor o representante del optimismo.

5) _____ es un seguidor o representante del finalismo.

6) _____ es un seguidor o representante del creacionismo.

7) _____ es un seguidor o representante del innatismo.

8) _____ es un seguidor o representante del escolasticismo.

9) _____ es un seguidor o representante del determinismo.

10) _____ es un seguidor o representante del fideísmo.

Módulo II

a) Las palabras que a continuación se te presentan han originado tecnicismos empleados en la filosofía.

1) Argumentum: demostración, justificación o argumento.
2) Conclusión: acción de terminar, de cerrar.
3) Contingentia: casualidad.
4) Factum: hecho.
5) Libido: deseo sexual o sensual.
6) Mutatio: cambio, mutación.
7) Intellectus: pensamiento.
8) Ens-entis: el que es, el ser.
9) Volitio: voluntad.
10) Res-Rei: cosa.

b) Completa las siguientes afirmaciones como en el No. 1.

1) Argumento, argumentar, argumentación provienen de _argu-mentum_.

2) Conclusión e inconcluso provienen de _____ .

3) Contingencia y contingente provienen de _____.

4) Factual, fáctico y factible provienen de _____.

5) Libido y libidinoso provienen de _____
_____ .

6) Mutación, inmutable, permutar provienen de _____
_____ .

7) Intelecto, intelectual e intelectualismo provienen de _____
_____ .

8) Ente y entidad provienen de _____.

9) Volición y volitivo provienen de _____.

10) Real y realidad provienen de _____.

c) Completa las siguientes definiciones:

1) Argumento es sinónimo de prueba, _demostración_ o _justificación_ .

2) La contingencia no sucede necesariamente sino por _____ _____ .

3) Fáctico: relativo a los _____ .

4) Factible: que puede ser un _____ .

5) Libidinoso: que desea _____ mente.

6) Mutación es sinónimo de _____ .

7) Inmutable: que no puede admitir ningún _____ .

8) Ente es sinónimo de _____ .

9) Volición significa _____ .

10) Realidad significa conjunto de _____ .

d) Traduce al lenguaje sencillo las siguientes afirmaciones:

1) Sus argumentos no son convincentes.

Sus justificaciones no son convincentes.

2) Son ciencias fácticas: la física y la química.

_____

3) Es factible que el hombre recorra nuestro sistema solar en los próximos diez años.

_____

4) Las mutaciones observadas en el experimento demuestran nuestra hipótesis.

_____

5) El hombre es un ente social e histórico.

_____

6) La volición es una facultad muy importante en el hombre.

_____

7) La realidad se nos muestra de muy variadas formas.

_____

_____

Módulo III

a) Lee con tu maestro las siguientes palabras latinas.

1) Quántitas, quantitatis: cantidad.
2) Quálitas, qualitatis: calidad o cualidad.
3) Cognóscere, cógnitum: conocer.
4) Concípere, conceptum: concebir.
5) Indúcere, inductum: conducir hacia.
6) Inferre: sacar, extraer, inferir.
7) Percípere, perceptum: captar, percibir.
8) Reminiscentia: recuerdo, reminiscencia.
9) Esse: ser.
10) Exístere: existir.

b) Completa las siguientes proposiciones como el No. 1.

1) Cuantitativo proviene de ___*quantitas*___ que significa *can-tidad.*

2) Cualitativo proviene de _____ que significa _____
_____ .

3) Cognoscitivo, cognoscible, cognoscibilidad, provienen de _____
_____ que significa _____ .

4) Concepto, conceptualizar y conceptualización provienen de _____
_____ que significa _____ .

5) Inducir, inducción e inductivo provienen de _____
que significa _____ .

6) Inferir e inferencia provienen de _____ que significa
_____ .

7) Percepción proviene de _____ que significa _____
_____ .

8) Reminiscencia proviene de _____ que significa _____ .

9) Esencia y esencial provienen de _____ que significa _____
_____ .

10) Existencia, existencial y existencialismo, provienen de _____
_____ que significa _____ .

c) Completa las siguientes definiciones de acuerdo a la palabra de la que
provienen. Sigue como ejemplo el No. 1.

1) Concepto: Representación ideal que se *concibe* en la mente.

2) Cuantitativo: Adjetivo que se refiere a la _____ .

3) Cualitativo: Adjetivo que se refiere a la _____ .

4) Inferencia: Proceso en el que se _____ una conclusión.

5) Inferir es sinónimo de _____ o _____ .

6) La inducción es el método que _____ una generalización en base a la observación de hechos particulares.

7) Cognoscible significa que se puede _____ .

8) Percepción es la facultad que posee el hombre para _____
_____ una determinada realidad.

9) Reminiscencia es sinónimo de _____ .

10) La esencia se define como lo que una cosa _____ .

d) Selecciona la respuesta correcta.

1) (a) Un cambio cuantitativo se refiere a:

     a) La cantidad.
     b) La calidad.
     c) El aspecto.
     d) La forma.

2) ( ) Un cambio cualitativo se refiere a:

a) La cantidad.
b) La calidad.
c) El aspecto.
d) La forma.

3) ( ) Proceso en el que se extrae una conclusión:

a) Sistema.
b) Inferencia.
c) Percepción.
d) Sensación.

4) ( ) Método por el que se llega a una generalización a partir de la observación de hechos particulares.

a) Percepción.
b) Deducción.
c) Sensación.
d) Inducción.

5) ( ) La teoría platónica de la reminiscencia se basa en:

a) El recuerdo que llevan a cabo las almas.
b) La visión clara de la realidad.
c) La discusión metódica.
d) Afán de saber más.

6) ( ) A un conjunto de propiedades necesarias que hacen que una cosa sea lo que es, se le llama:

a) Substancia.
b) Materia.
c) Esencia.
d) Accidentes.

7) ( ) Representación ideal es sinónimo de:

a) Concepto.
b) Lenguaje.
c) Proceso.
d) Materia.

8) (   ) Un aspecto cognoscitivo se refiere a:

    a) La memoria.
    b) El conocimiento.
    c) La voluntad.
    d) La realidad.

9) (   ) Inferir es sinónimo de:

    a) Conocer.
    b) Memorizar.
    c) Sacar.
    d) Llevar a cabo.

10) (   ) Incognoscible significa:

    a) Que se puede conocer.
    b) Que no se puede conocer.
    c) Que es posible.
    d) Que es imposible.

4.3.1.2. Tecnicismos y cultismos de las ciencias histórico-sociales

Módulo I

a) Escribe la pronunciación de las siguientes palabras latinas:

    1) Aevus, *evus* , edad.
    2) Aliénus, _____, ajeno.
    3) Anima, _____, alma.
    4) Annus, _____, año.
    5) Bellum, _____, guerra.
    6) Caput, cápitis, _____, _____, cabeza.
    7) Civis, _____, ciudadano.
    8) Cor, cordis, _____, corazón.
    9) Domus, _____, casa.

10) Fanum, _____, templo, lugar religioso.

11) Grex, gregis, _____, _____, rebaño, grey.

12) Homo, _____, hombre.

13) Hostis, _____, enemigo.

14) Humus, _____, tierra.

15) Nox, noctis, _____, _____, noche.

16) Pater, patris, _____, _____, padre.

17) Símilis, _____, semejante.

18) Somnum, _____, sueño.

19) Longus, _____, largo.

20) Magnus, _____, grande.

21) Pusíllus, _____, débil.

22) Vértere, versum, _____, _____, volver.

23) Gero, gérere, _____, _____, llevar a cabo.

24) Major, _____, mayor.

25) Caedo, caédere, _____, _____, matar.

26) Mos, moris, _____, _____, moral, costumbre.

27) Ambulare, _____, caminar.

28) Verus, _____, verdadero.

29) Fero-ferre, _____, _____, llevar.

30) Vagáre, _____, vagar

Módulo II

a) Llena los espacios vacíos como se te sugiere en el primer ejemplo.

Aevus: edad
1) Longevidad:

a) _Longus_, largo.
b) _Aevus_, edad.
Larga vida.

2) Medievo:

    a) _____ , medio.

    b) _____ , edad.

    Edad

    Alienus, aliena, alienum: ajeno
1) Alienación:

    a) _____ , ajeno.
    Enajenación.

2) Alienar:

    a) _____ , ajeno.
    Enajenar.

    Anima: alma, ánimo
1) Animadversión:

    a) _____ , alma.
    b) Ad, junto a.
    c) Versus, contra.
    Enemistad.

2) Ecuanimidad:

    a) Aequus, igual.

    b) _____ , ánimo.

    Igual de _____ .

3) Exánime:

    a) Ex, fuera.

    b) _____ , alma.

    Sin _____ . Sin vida.

4) Magnanimidad:

    a) Magnus, grande.

    b) _____, ánimo.
    Grandeza de _____ .

5) Pusilanimidad:

    a) Pusillus, débil.

    b) _____ , ánimo.
    Debilidad de _____ .

6) Unanimidad:

    a) Unus, uno.

    b) _____ , ánimo.
    Consentimiento, conformidad.

    Annus, anni: año

1) Anuario:

    a) _____ , año.
    Libro que se publica cada _____ .

2) Aniversario:

    a) _____ ; año.

    b) Vértere-versum, volver.
    Que vuelve o se repite cada _____ .

    Bellum, belli: guerra

1) Bélico:

    a) _____ , guerra.

    b) _____ , relativo a.
    Relativo a la _____ .

2) Beligerante:

   a) _____, guerra.
   b) Gero-gérere, llevar a cabo.

   Persona o nación que hace la _____ .

   Caput, capitis: cabeza

1) Capital:

   a) Caput, _____ .

   Relativo o perteneciente a la ciudad o población principal y _____

   _____ de un estado.

2) Capitán:

   a) _____ , cabeza.

   El que va a la _____ de su compañía.
   Jefe de una tropa o escuadrón.

3) Decapitar:

   a) De, separación.

   b) _____ , cabeza.

   Separar la _____ del resto del cuerpo.

   Civis: ciudadano

1) Civil:

   a) _____ , ciudadano.

   Relativo al ciudadano o el _____ mismo.

2) Civismo:

   a) _____ , ciudadano.

   Disciplina referente a los derechos y obligaciones del _____

   _____ .

Cor, cordis: corazón
1) Cordial:

a) _____ , corazón.
De corazón; afectuoso.

2) Concordia:

a) Cum, con.

b) _____ , corazón.
Conformidad.

3) Discordia:

a) Dis, oposición.

b) _____ , corazón.
Oposición de voluntades.

Domus: casa
1) Mayordomo:

a) Major, mayor.

b) _____ , casa.
Criado principal que tiene a su cargo una casa o hacienda.

2) Doméstico:

a) _____ , casa
b) Ico, relativo a.

Relativo a la _____ .

Fanum: templo, lugar religioso
1) Fanático:

a) _____ , templo.
b) Ico, relativo a.
Persona que defiende con apasionamiento sus ideas religiosas o de otra índole.

2) Fanatismo:

    a) _____ , templo.
    b) Ismo, actitud.
    Actitud de fanático.

    Funus, fúneris: muerte
1) Fúnebre:

    a) Funus, _____ .

    Relativo a la _____ .

2) Funeraria:

    a) Funus, _____ .
    Lugar donde se vela a los difuntos.

    Grex, gregis: rebaño, grey
1) Disgregar:

    a) Dis, separación.

    b) _____ , rebaño.
    Separar.

2) Congregar:

    a) Cum, con.

    b) _____ , rebaño.
    Reunir.

    Homo: hombre
1) Homenaje:

    a) _____ , hombre.
    Veneración o celebración en honor de algún_____ .

2) Homicida:

    a) Homo, _____ .
    b) Caedo-caédere, matar.

    El que mata a un _____ .

Hostis: enemigo
1) Hostil:

   a) _____, enemigo.
   Enemigo o contrario.

2) Hostilidad:

   a) _____, enemigo.
   Enemistad.

   Humus: tierra, suelo
1) Exhumar:

   a) Ex, fuera.

   b) _____, tierra.
   Sacar de la _____, desenterrar.

2) Inhumar:

   a) In, dentro.

   b) _____, tierra.
   Enterrar.

   Jugum: yugo
1) Cónyuge:

   a) Cum, con.

   b) _____, yugo.
   El marido con respecto a la esposa o viceversa.

2) Subyugar:

   a) Sub, debajo.

   b) _____, yugo.
   Someter bajo el _____.

Lapis, lápidis: piedra
1) Lápida:

     a) _____, piedra.

_____ plana en que suele ponerse una inscripción.

2) Lapidar:

     a) Lapis _____.

Acción de tirar _____ a una persona o cosa.

Luna: la luna
1) Lunático:

     a) _____, luna.

     b) _____, relativo a.

Loco (antiguamente se creía que la demencia era causada por el estado o fase de la luna).

2) Lunes:

     a) _____.

Día dedicado a la _____.

Magnus, magna, magnum: grande
1) Magnificencia:

     a) _____, grande.

     b) Fácere, hacer.

Grandeza.

2) Magnitud:

     a) _____, grande.

Lo grande, lo importante de una cosa.

Mos, moris: moral, costumbre
1) Inmoral:

a) In, negación.

b) _____, moral.

Que se opone a la _____.

2) Amoral:

a) A, sin.

b) _____, moral.

Que está al margen de la _____.

Nox, noctis: noche
1) Noctámbulo:

a) _____, noche.
b) ambuláre, caminar

Quien se pasea o divierte por la _____.

2) Noctivago:

a) Nox, _____.
b) Vagare, vagar.

Que vaga de _____. Noctámbulo.

Pater, patris: padre
1) Parricida:

a) _____, padre.
b) Caédere, matar.

El que mata a su _____ o cualquier ascendiente. (Considerado como _____).

2) Paternal:

a) _____, padre.

Relativo al _____.

Símilis, símile: semejante
1) Similitud:

a) _____, semejante.
Semejanza, analogía, parecido.

2) Verosímil:

a) Verus, verdadero.

b) _____, semejante.
Que tiene apariencia de verdadero.

3) Simulacro:

a) _____, semejante.
Acto preparado semejante a uno real.

Somnum, somni: sueño
1) Somnífero:

a) _____, sueño.
b) Fero-ferre, llevar.

Lo que lleva al _____.

2) Somnolencia:

a) Somnum, _____.
Estado intermedio entre el _____ y la vigilia.

Módulo III

a) Escribe en los espacios en blanco sólo aquella palabra que esté de acuerdo con el contexto.

1) En el _____ la sociedad estaba muy estratificada.

— Civismo.
— Homenaje.
— Medievo.

2) Faltan 2 meses para el _____ de la muerte de mi abuelo.

— Anuario.
— Aniversario.
— Cumpleaños.

3) Los aviones norteamericanos realizaron maniobras_____
____ como preparación para un posible enfrentamiento con Rusia.

— Bélicas.
— Cívicas.
— Fúnebres.

4) La marcha _____ se realizó en un total silencio por respeto al occiso.

— Bélica.
— Fúnebre.
— Cívica.

5) _____ el cadáver para practicarle una autopsia.

— Inhumaron.
— Exhumaron.
— Disgregaron.

6) Los _____ se deben respeto y fidelidad.

— Lunáticos.
— Artífices.
— Cónyuges.

7) La _____ fue colocada poco después de la inhumación.

— Magnificencia.
— Tierra.
— Lápida.

8) Por fin atraparon al _____ que infligió 12 puñaladas mortales a su padre la semana pasada.

   — Noctívago.
   — Lunático.
   — Parricida.

9) La televisión nos _____ constantemente.

   — Disgrega.
   — Exhuma.
   — Aliena.

10) En nuestros hogares siempre debe reinar la _____ _____ .

   — Discordia.
   — Concordia.
   — Pusilanimidad.

b) Sustituye las expresiones subrayadas por otras más técnicas. Observa el No. 1.

1) En La Edad Media se practicaban exorcismos.

En el medievo se practicaban exorcismos.

2) Guadalajara, cabecera del Estado de Jalisco, es una ciudad muy hermosa.

_____

3) La marcha mortuoria se detuvo para bajar el cadáver.

_____

4) Los manifestantes se reunieron frente al Palacio Nacional.

_____

5) Ricardo siempre ha manifestado <u>enemistad</u> para con los ricos.

_____

6) <u>Enterraron</u> el cadáver del niño junto al de su madre.

_____

_____

7) Mi <u>esposa</u> ya no quiere tener más hijos.

_____

_____

8) La <u>grandeza</u> del pueblo romano radicaba en la enorme capacidad de organización.

_____

_____

9) Con frecuencia muchos actos <u>contrarios a la moral</u> no son castigados por la ley.

_____

_____

10) <u>El que mató a su padre</u> no debe andar muy lejos.

_____

_____

4.3.1.3. Tecnicismos y cultismos de las ciencias físico-matemáticas

Módulo I

a) Escribe la pronunciación de las siguientes palabras latinas:

1) Ager, agri, _**ager**_, _**agri**_, campo.
2) Aqua, _**acua**_, agua.

3) Bulla, _bula_____, bola, burbuja.

4) Catena, _____, cadena.

5) Circus, _____, anillo.

6) Dies, _____, día.

7) Flamma, _____, llama.

8) Frigus, frígoris, _____, _____, frío.

9) Ignis, _____, fuego.

10) Latus, láteris, _____, _____, lado.

11) Locus, _____, lugar.

12) Novus, _____, nuevo.

13) Petra, _____, piedra.

14) Plenus, _____, lleno.

15) Ságitta, _____, flecha.

16) Silva, _____, selva.

17) Colo, cólere, _____, _____, cultivar.

18) Cultura, _____, cuidado, cultivo.

19) Mensura, _____, medida.

20) Duco, dúcere, _____, _____, conducir.

21) Quotus, _____, cada.

22) Merídies, _____, mediodía.

23) Gero, gérere, _____, _____, llevar.

24) Fácere, _____, hacer.

25) Aequus, _____, igual.

26) Motio, _____, movimiento, traslación.

27) Oleum, _____, aceite.

28) Incola, _____, habitante.

Módulo II

a) Llena los espacios vacíos como se te sugiere en el primer ejemplo:

Ager, agri: campo.
1) Agrario:

   a) _Ager_____, campo.

Relativo o relacionado con el __*campo*_____.

2) Agreste:

   a) _____, campo.

Que pertenece al _____, lleno de maleza.

3) Agrícola:

   a) Ager: _____.
   b) Colo-cólere, cultivar

Relativo al cultivo del _____.

4) Agricultura:

   a) _____, campo.
   b) Cultura, cultivo.

Cultivo del _____.

5) Agrimensura:

   a) _____, campo.
   b) Mensura, medida.

Arte de medir las tierras o los _____.

Aqua: agua.
1) Acuario:

   a) _____, agua.

Depósito de _____, para peces, plantas, etc.
Signo del Zodiaco.

2) Acuático:

   a) _____, agua.

   b) _____, relativo a

Que vive en el _____.

Que se verifica en el _____.

3) Acueducto:

a) _____, agua.
b) Dúcere, conducir.

Conducto artificial de _____.

Bulla: bola, burbuja
1) Ebullición:

a) Ex, fuera.
b) Bulla, bola.
Acción de hervir.

Catena: cadena
1) Concatenar:

a) Cum, con, unión.

b) _____, cadena.
Encadenar.

2) Concatenación:

a) _____, con, unión.

b) _____, cadena.
Acción y efecto de encadenar.

Circus: anillo
1) Círculo:

a) _____, anillo.
b) Ulus, diminutivo.
Figura plana y redonda.

2) Semicírculo:

a) Semi, mitad.

b) _____, anillo.

c) Ulus, _____ .

Mitad de un _____ .

Díes: día
1) Cotidiano:

 a) Quotus, cada.

 b) _____ , día.
 De cada día, diario.

2) Meridional:

 a) Merídies, mediodía.
 Relativo al mediodía o al sur.

 Flamma: llama
1) Flamígero:

 a) _____ , llama.
 b) Gero-gérere, llevar.

 Que arroja _____ .

2) Inflamable:

 a) In, intensidad.

 b) _____ , llama.

 Que puede producir _____ .

 Frigus, frígoris: Frío
1) Frigorífico:

 a) _____ , frío.
 b) Fácere, hacer.
 Que produce frío. Refrigerador.

 Ignis: fuego
1) Igneo:

 a) _____ , fuego.

 De _____ .

2) Ignición:

    a) _____, fuego.

    Acción de encender o prender _____.

    Latus, láteris: lado
1) Equilátero:

    a) Aequus, igual.
    b) _____, lado.

    Figura plana de lados iguales.

    Locus: lugar
1) Locomoción:

    a) _____, lugar.
    b) Motio, movimiento.

    Traslación de un lugar a otro.

    Lumen: luz
1) Luminaria:

    a) _____, luz.

    Astro o cuerpo que despide _____, y claridad.

2) Luminosidad:

    a) Lumen, _____.
    Cualidad de despedir _____.

    Novus, nova, novum: nuevo
1) Novilunio:

    a) _____, nuevo.
    b) Luna.
    Luna _____.

Petra: piedra
1) Petrificar:

a) _____, piedra.
b) Fácere, hacer.

Convertir en _____.

2) Petróleo:

a) Petra, _____.
b) Oleum, aceite.
Aceite mineral natural, constituido por una mezcla de hidrocarburos y otros compuestos orgánicos.

Plenus: lleno
1) Plenilunio:

a) _____, lleno.

b) Luna, _____.

Luna _____.

Ságitta: flecha
1) Sagitario:

a) Ságitta, _____.

Noveno signo del zodiaco simbolizado por un _____.

Silva: selva
1) Silvestre:

a) _____, selva.

Que vive naturalmente en las _____ o campos.

2) Silvícola:

a) Silva, _____.
b) Íncola, habitante.

Que vive o habita en la _____.

3) Silvicultura:

   a) _____, selva.

   b) _____, cuidado, cultivo.

   Ciencia que trata del _____ de las _____ o los bosques.

Módulo III

a) Selecciona la palabra que se ajuste al contexto y escríbela en el espacio vacío.

1) La _____ es la base de nuestro desarrollo.

   — Ebullición.
   — Agricultura.
   — Locomoción.

2) Existen en Europa y Estados Unidos otros medios de _____ ____ más rápidos y seguros que no han sido desarrollados en México.

   — Agrícola.
   — Concatenación.
   — Locomoción.

3) El aparato _____ hace posible la transportación de la carne.

   — Agrícola.
   — Acuático.
   — Frigorífico.

4) En la Antigua Grecia se surtía de agua por medio de _____ _____ .

   — Acueductos.
   — Pilas.
   — Tubería.

5) La _____ del agua produce vapor.

    — Congelación.
    — Ebullición.
    — Ignición.

6) Cuando la nave espacial efectuó la primera _____
quemando gases y expulsándolos hacia atrás, alcanzó una velocidad
de 10.66 km/seg.

    — Luminosidad.
    — Ignición.
    — Locomoción.

7) Los fotómetros sirven para medir la intensidad de luz que despide un
cuerpo, también llamada _____.

    — Irradiación.
    — Luminosidad.
    — Lux.

8) Recientemente fueron localizados otros yacimientos de _____
_____ en Oaxaca.

    — Aceite.
    — Ebullición.
    — Petróleo.

9) El paisaje _____ está lleno de maleza.

    — Frigorífico.
    — Agreste.
    — Igneo.

b) Sustituye las expresiones subrayadas por otras más técnicas.

1) El programa concerniente al cultivo del campo es bastante prometedor.

    _____

    _____

2) Se hace necesario construir más <u>conductos artificiales de agua</u> para incrementar la productividad agrícola del país.

_____

3) Todos los fenómenos naturales están <u>encadenados</u> entre sí.

_____

_____

4) El trabajo <u>diario</u> mantiene el cuerpo en buen estado de salud física y mental.

_____

_____

5) Los productos <u>que pueden producir llamas</u> deben ser colocados en lugares muy seguros.

_____

_____

6) Las noches de <u>luna llena</u> son bastante hermosas.

_____

_____

7) Los triángulos de <u>lados iguales</u> son equiángulos.

_____

_____

8) Los restos fósiles <u>se convirtieron en piedra</u> ,en el transcurso de varios miles de años.

_____

_____

9) Los que pertenecen al signo <u>simbolizado por un flechador</u> , tendrán hoy éxito en sus relaciones comerciales.

_____

_____

10) La región <u>del sur</u> del país se mantendrá con escasas lluvias por la mañana y tarde.

_____

_____

11) El derecho relacionado con el campo continuamente está sufriendo reformas.

_____

_____

12) Los lirios son plantas que viven en el agua .

_____

_____

13) El agua llegó a un grado tal de hervor que se evaporizó completamente.

_____

_____

14) La mayoría de las plantas que se desarrollan en la selva se marchitan cuando se las trae a la ciudad.

_____

_____

15) Los antiguos habitantes de México ya tenían nociones de cómo medir la Tierra .

_____

_____

4.3.1.4. Tecnicismos y cultismos de las bellas artes

Módulo I

a) Escribe, de acuerdo con las reglas aprendidas, la correcta pronunciación de las siguientes palabras latinas. Observa los Nos. 1, 2 y 3.

1) Argéntum, *arguéntum* , plata.
2) Ars, artis, *ars* , *artis* , arte.
3) Aurum, *áurum* , oro.
4) Caput, cápitis, _____, _____, cabeza.
5) Dígitus, _____, dedo.
6) Epístola, _____, carta.

7) Equus, equi, _____, _____, caballo.

8) Frons, frontis, _____, _____, frente.

9) Gladius, _____, espada.

10) Lingua, _____, lengua.

11) Líttera, _____, letra.

12) Mácula, _____, mancha.

13) Os, oris, _____, _____, boca.

14) Púer, pueri, _____, _____, niño.

15) Sors, sortis, _____, _____, suerte.

16) Vates, vatis, _____, _____, adivino.

17) Fero, ferre, _____, _____, llevar.

18) Factum, _____, hecho.

19) Faber, _____, artesano.

20) Pellis, _____, piel.

21) Inter, _____, entre.

22) Praestus, _____, rápido, ágil.

23) Spicio, spícere, _____, _____, mirar.

Módulo II

a) Llena los espacios vacíos como se te sugiere en el primer ejemplo.

Argéntum: plata
1) Argenteo:

a) _Argentum_, plata.
Plateado.

2) Argentífero:

a) _____, plata.
b) Fero-ferre, llevar.

Que contiene _____.

Ars, artis: arte
1) Artefacto:

a) _____, arte.
b) Fáctum, hecho.

Obra mecánica hecha con _____.

2) Artesano:

a) _____, arte.

Persona que ejercita un _____ u oficio.

3) Artífice:

a) _____.
b) Fácere, hacer.

Persona que realiza o ejecuta una obra de _____ o mecánica.

4) Artificio:

a) _____, arte.

b) _____, hacer.

_____ o habilidad con que está hecha una cosa.
Astucia.

Aurum: oro
1) Orfebre:

a) Aurum, _____.
b) Fáber, artesano.

Artífice que trabaja o labra objetos de _____.

2) Oropel:

a) _____, oro.
b) Pellis, piel.

Lámina delgada que imita el _____. Adorno o vestido de ___
____ falso.

Caput, cápitis: cabeza
1) Capitel:

a) _____, cabeza.

_____ o parte superior de una columna.

2) Capítulo:

a) _____, cabeza.
b) Ulus, diminutivo.
Encabezado o título de una obra.

Dígitus: dedo
1) Interdigital:

a) Inter, entre.

b) _____, dedo.

Espacio comprendido entre los _____ .

2) Prestidigitador:

a) Praestus, ágil.

b) _____, dedo.

Ágil de _____ .

Epístola: carta
1) Epistolar:

a) _____, carta.

Referente a las _____ .

2) Epistolario:

a) _____, carta.

Libro que contiene las _____ de un autor.

Equus, equi: caballo
1) Equino:

a) _____, caballo.

Relativo al _____.

2) Equitación:

a) _____, caballo.

Arte o acción de montar a _____.

Frons, frontis: frente
1) Frontal:

a) _____, frente.

Relativo a la _____.

2) Frontispicio:

a) _____, frente.

b) Spicio-spícere, mirar.

Fachada de un edificio. Portada.

Gladius: espada
1) Gladiador:

a) _____, espada.

Luchador romano que peleaba con _____.

2) Gladiola:

a) _____, espada.

Planta de ornato con hojas en forma de _____.

Lingua: lengua
1) Lingüística:

    a) _____, lengua.
    b) Ica, la ciencia de.

Ciencia que estudia todo lo referente a las _____.

Líttera: letra
1) Literatura:

    a) _____, letra.

Conocimiento de las bellas _____.

2) Literato:

    a) _____, letra.
    Persona que se dedica a la literatura.

3) Literal:

    a) _____, letra.
    Al pie de la _____.

Mácula: mancha
1) Maculiforme:

    a) _____, mancha.
    b) Forma, _____.
    En forma de _____.

2) Inmaculada:

    a) In, no.

    b) _____, mancha.
    No manchada, pura, virgen.

Os, oris: boca
1) Oratoria:

    a) _____, boca.
    Arte de hablar con elocuencia.

2) Orador:

    a) _____ , boca.
    Persona que practica la oratoria.

3) Ósculo:

    a) _____ , boca.
    b) Ulus, diminutivo.
    Beso.

    Púer, pueri: niño
1) Puericultura:

    a) Púer, _____ .

    b) _____ , cuidado, cría.

    Arte de criar y educar a los _____ .

2) Pueril:

    a) _____ , niño.

    Relativo al _____ .
    Frívolo, aniñado.

    Sors, sortis: suerte
1) Sortilegio:

    a) _____ , suerte.
    b) Lego-légere, leer.
    Adivinación por suertes supersticiosas.

2) Sortija:

    a) _____ , suerte.
    Anillo, al que se le atribuía buena suerte.

3) Consorte:

    a) Cum, con.

    b) _____ , suerte.

    Esposo o esposa unidos por la misma _____ .

Vates, vatis: adivino
1) Vaticinar:

   a) _____ , adivino.
   Adivinar, predecir.

2) Vaticinio:

   a) _____ , adivino.
   Predicción, adivinación.

Módulo III

a) Selecciona la palabra correcta según te lo pida el contexto.

1) ¿Sabes el nombre del _____ que cinceló esta escultura?

   — Argentífero.
   — Artífice.
   — Prestidigitador.

2) Asistió a la fiesta un _____ .

   — Epistolario.
   — Frontispicio.
   — Prestidigitador.

3) Es difícil hacer una traducción _____ de un idioma a otro.

   — Literal.
   — Lingüística.
   — Epistolar.

4) La actitud que tomaste ayer me pareció _____ .

   — Oratoria.
   — Pueril.
   — Equina.

5) El buen político debe dominar la _____.

— Oratoria.
— Puericultura.
— Literatura.

6) Guanajuato es una zona _____.

— Argentífera.
— Argéntea.
— Interdigital.

7) La _____ de Isabel debe haberle costado mucho.

— Consorte.
— Sortija.
— Epístola

8) Michoacán es un productor de ganado _____.

— Equino.
— Capital.
— Frontal.

9) Existen buenos _____ y oradores en México.

— Gladiadores.
— Epistolarios.
— Literatos.

10) La obra contiene sólo 8 _____.

— Artefactos.
— Capítulos
— Consortes.

b) Redacta un enunciado para cada una de las siguientes palabras:

1) Consorte:

_____

_____

2) Orador:

_____

_____

3) Gladiola:

_____

_____

4) Oropel:

_____

_____

5) Argentífero:

_____

_____

4.3.1.5. Tecnicismos y cultismos de las ciencias económico-administrativas

Módulo I

a) Escribe la pronunciación de las siguientes palabras latinas:

1) Apis, _____, abeja.

2) Corpus, córporis, _____, _____, cuerpo.

3) Damnum, _____, daño.

4) Fídes, _____, fe.

5) Fiscus, _____, fisco.

6) Fraus, fraudis, _____, _____, engaño.

7) Gravis, _____, grave, pesado.

8) Jus, juris, _____, _____, derecho.

9) Lex, legis, _____, _____, ley.

10) Locus, _____, lugar.

11) Manus, _____, mano.

12) Mora, _____, tardanza.

13) Nomen, nóminis, _____, _____, nombre.

14) Onus, óneris, _____, _____, carga.

15) Opus, óperis, _____, _____, obra, trabajo.

16) Plenus, _____, lleno.

17) Pópulus, _____, pueblo.

18) Porcus, _____, puerco.

19) Testis, _____, testigo.

Módulo II

a) Llena los espacios vacíos como se te sugiere en el primer ejemplo.

Apis: abeja
1) Apiario:

a) *Apis* _____, abeja.
Colmenar, lugar donde se crían las *abejas* .
2) Apicultor:

a) Apis: _____.
b) Colo-cólere, cultivar.

Persona que se dedica a la cría de _____ .

Corpus, córporis, cuerpo
1) Incorporar:

a) In, dentro.

b) _____, cuerpo.
Introducir algo para que forme parte de un todo.

2) Corporación:

a) _____, cuerpo.
Grupo de personas que forman una sociedad específica.

Damnum: daño
1) Damnificar:

    a) _____, daño.
    b) Fácere, hacer.

Hacer o causar _____.

Fídes: fe
1) Fidedigno:

    a) _____, fe.
    b) Dignus, digno.

Digno de _____ o crédito.

2) Fideicomiso:

    a) _____, fe, lealtad.
    b) Commisus, confiado.

Confiado a la _____ o fidelidad de alguien.

Fiscus: fisco
1) Fiscal:

    a) _____, fisco.

Relativo al _____.

2) Confiscar:

    a) Cum, con.

    b) _____, fisco.

Privar a alguien de sus bienes y aplicarlos al _____.

Fraus, fraudis: engaño
1) Fraudulento:

    a) _____, engaño.
Engañoso, falaz.

2) Defraudar:

   a) De, intensidad.

   b) _____ , engaño.
Engañar.

   Gravis, grave: grave, pesado
1) Gravamen:

   a) _____ , pesado.
Obligación que pesa sobre alguien.

   Jus, juris: derecho
1) Juez:

   a) Jus, _____ .
   b) Dúcere, conducir, llevar.

   Persona que proclama o aplica el _____ .

2) Jurisdicción:

   a) Jus _____ .
   b) Dico-dícere, decir.

   Poder o cualidad para gobernar y aplicar el _____ .

3) Jurídico:

   a) _____ , derecho.
   b) Ico, relativo a.

   Relativo al _____ .

   Lex, legis: ley
1) Legal:

   a) _____ , ley.

   Conforme a la _____ .

2) Legislación:

   a) Lex, _____ .

   Cuerpo de _____ de una Nación, Estado o Institución.

3) Legislador:

  a) Lex, _____ .
  b) Lator, que lleva.

  El que hace o lleva las _____ .

4) Legítimo:

  a) _____ , _____ .

  Que está dentro de las _____ .

  Locus: lugar
1) Locatario:

  a) _____ , lugar.
  El que ocupa un local y paga por él una determinada renta.

  Manus: la mano
1) Manicuro:

  a) _____ , mano.
  b) Cura, cuidado.

  El que cuida de las _____ .

2) Manufactura:

  a) _____ , mano.
  b) Factum, hecho.

  Obra hecha a _____ o con auxilio de máquinas.

3) Manuscrito:

  a) manus, _____ .
  b) scriptum, escrito.

  Escrito a _____ .

  Mora: tardanza
1) Moroso:

  a) _____ , tardanza.
  Que tarda.

2) Moratoria:

a) _____, tardanza.
Plazo que se concede a los deudores.

Nomen, nóminis: nombre
1) Nómina:

a) _____, nombre.
Lista de _____ de personas o cosas.

Onus, óneris: carga
1) Oneroso:

a) _____, carga.

Que es una _____. Pesado o incómodo.

2) Exonerar:

a) Ex, _____.

b) _____, carga.
Descargar, librar.

Opus, opéris: obra, trabajo
1) Opúsculo:

a) _____, obra.
b) Ulus, diminutivo.
Obra pequeña.

2) Operario:

a) _____, trabajo.
Trabajador, empleado.

3) Cooperativa:

a) Cum, con.

b) _____, trabajo.
Sociedad civil en la que todos trabajan para uno y uno para todos.

Plenus: lleno
1) Plenipotenciario:

a) _____, lleno.
b) potencia, poder, autoridad.

Persona que envía un gobierno a otros Estados con pleno _____ _____ o autoridad para ajustar negocios de importancia.

Pópulus: el pueblo
1) Popular:

a) _____, pueblo.

Propio del _____, vulgar.

2) Populoso:

a) Pópulus, _____.
Muy poblado.

Porcus, porci: puerco
1) Porcicultor:

a) _____, puerco.
b) Colo-cólere, cultivar.

Criador de _____.

2) Porcicultura:

a) Porcus, _____.
b) Cultura, cuidado o cría.

Cría de _____.

3) Porcino:

a) _____, puerco.

Perteneciente o relativo al _____.

Testis: testigo
1) Testificar:

a) _____, testigo.
b) Fácere, hacer.

Afirmar o probar por medio de _____. Servir de _____.

Módulo III

a) Selecciona la palabra correcta según te lo sugiera el contexto.

1) Se deben reparar los daños en caso de _____ a los usuarios.

— Damnificar.
— Confiar.
— Incorporar.

2) Nunca debemos _____ la confianza que se nos deposita.

— Confiar.
— Defraudar.
— Confiscar.

3) La _____ de un diputado se limita a su distrito.

— Corporación.
— Morosidad.
— Jurisdicción.

4) La _____ del Estado de Jalisco es parecida a la de Michoacán.

— Legislación.
— Currícula.
— Autorización.

5) Los _____ del mercado no quieren pagar el aumento de rentas.

— Locatarios.
— Manuscritos.
— Gravámenes.

6) Existen personas _____ en el pago de sus impuestos.

   — Incorporadas.
   — Morosas.
   — Legítimas.

7) El _____ está mal redactado.

   — Nómina.
   — Fideicomiso.
   — Manuscrito.

8) La vivienda _____ cada día está más escasa.

   — Popular.
   — Populosa.
   — Jurídica.

9) Resulta _____ pagar el impuesto al valor agregado en casi todos los productos.
   — Popular.
   — Gravamen.
   — Oneroso.

10) Los _____ de esta corporación recibirán un aumento del 30 al 40%.

   — Operarios.
   — Populares.
   — Testigos.

b) Subraye los tecnicismos estudiados del módulo II en las siguientes proposiciones:

1) El Gobierno Federal aportó 100 millones de nuevos pesos al fideicomiso Bahía de Banderas para su restauración.

2) Todos los damnificados recibirán ropa y comida durante 10 días.

3) Le confiscaron toda la mercancía que traía por no pagar el impuesto correspondiente en la aduana.

4) El juez dictaminó la culpabilidad del acusado.

5) La nómina está incompleta.

c) Redacta una proposición para cada una de las siguientes palabras técnicas.

1) Opúsculo:

_____

_____

2) Testificar:

_____

_____

3) Porcicultura:

_____

_____

4) Incorporar:

_____

_____

4.3.1.6. Tecnicismos y cultismos de las ciencias médico-biológicas

Módulo I

a) Llena los espacios vacíos como se te sugiere en el primer ejemplo:

Acer, acris, acre: agrio
1) Acerbo:

a) _Acer, acris_, agrio.
Amargo, agrio.

2) Vinagre:

a) Vinum, vino.

b) _____ , agrio.
Líquido agrio producido por la fermentación ácida del vino.

Albus, alba, album: blanco

1) Albúmina:

a) _____, blanco.
b) Ina, sustancia.
Sustancia blanquecina parecida a la clara de huevo.

Báculum: bastón

1) Bacilo:

a) _____, bastón.
Bacteria en forma de _____.

Balbus, balba, balbum: tartamudo

1) Balbucear o balbucir:

a) _____, tartamudo.
Tartamudear. Hablar entrecortado y repitiendo sílabas.

2) Balbuciente:

a) _____, tartamudo.
Que tartamudea, que balbuce.

Cápillus: cabello

1) Capilar:

a) _____, cabello.
Relativo al _____.
Que es como un _____ de delgado.

2) Capiliforme:

a) _____, cabello.
b) _____, forma.
En _____ de _____.

Capsa: caja
1) Cápsula:

a) _____, caja.
b) Ulus, diminutivo.
Cajita.

Clavis: llave
1) Clavícula:

a) _____, llave.
b) Ulus, diminutivo.

Hueso largo que tiene forma de _____.

Costa: costilla
1) Intercostal:

a) Inter, entre.

b) _____, costilla.
Entre las costillas.

2) Subcostal:

a) Sub, debajo.

b) _____, costilla.
Debajo de las _____.

Collum: cuello
1) Tortícolis:

a) Tortum, torcido.

b) _____, cuello.
Torsión del _____.

Cruor: sangre
1) Cruento:

a) _____, sangre.
Sangriento.

2) Incruento:

   a) In, negación.

   b) _____, sangre.
No sangriento.

   Dens, dentis: diente
1) Dentífrico:

   a) _____, diente.
   b) Frico, fricare, frotar.
Que sirve para limpiar o _____ los _____.

   Folium: hoja
1) Follaje:

   a) _____, hoja.
Conjunto de _____ de los árboles.

2) Folio:

   a) _____, hoja.
_____ de un libro o cuaderno.

3) Exfoliación:

   a) Ex, fuera.

   b) _____, hoja.
Acción de quitar las _____ de una planta.

   Frux, frugis: fruto
1) Frugal:

   a) _____, fruto.
Relativo a los _____. Moderado en el comer y beber.

2) Frugívoro:

    a) Frux, _____.
    b) Voro, vorare, devorar.

    Que se alimenta de _____.

    Genu: rodilla
1) Genuflexión:

    a) _____, rodilla.
    b) Flexio, flexión.

    Flexión de la _____.

    Herba: hierba
1) Herbáceo:

    a) _____, hierba.
    Referente a la _____.

2) Herbívoro:

    a) _____, hierba.
    b) Voro-vorare, devorar.

    Que se alimenta de _____.

3) Herbicida:

    a) _____, hierba.
    b) Caedo-caédere, matar.

    Substancia que _____ o destruye _____.

    Inanis: inútil, débil
1) Inanición:

    a) _____, débil.
    Debilidad por falta de alimento o por otras causas.

Lingua: lengua
1) Sublingual:

a) Sub, debajo.

b) _____, lengua.

Perteneciente a la región inferior de la _____ .

Locus: lugar
1) Dislocar:

a) Dis, separación.

b) _____, lugar.

Sacar una cosa fuera de su _____ .

Mensis, el mes
1) Menstruación:

a) _____, mes.

Flujo de sangrado que la mujer realiza cada _____ .

2) Mensual:

a) Mensis, _____ .

Que se hace cada _____ . Que dura un _____ .

Mollis, molle: blando, suave
1) Molusco:

a) _____, blando.

Animal invertebrado de cuerpo _____ .

2) Molicie:

a) _____, blando

Afición a la vida regalada o suave.

Oculus, ojo
1) Oculista:

a) _____ , ojo.

Médico que cuida especialmente las enfermedades de los _____ .

2) Ocular:

a) Oculus, _____ .

Relativo o perteneciente a los _____ .

Os, hueso
1) Osario:

a) _____ , hueso.

Sitio donde hay muchos _____ .

2) Osamenta:

a) _____ , hueso.

Conjunto de _____ . Esqueleto.

3) Óseo:

a) Os, _____ .

De _____ . Relativo a los _____ .

Pes, pedis: pie
1) Pedestre:

a) _____ , pie.

Que anda a _____ .

2) Pedicura:

a) Pes, _____ .
b) Cura, cuidado.

Cuidado de los _____ .

Rota: rueda
1) Rotación:

a) _____, rueda.
Acción de dar vueltas, girar.

2) Rótula:

a) _____, rueda.
b) Ulus, diminutivo.

Hueso de la rodilla en forma de _____.

Semen, séminis: semilla
1) Semen:

a) _____, semilla.
Líquido blanquecino del macho que fecunda el óvulo de la hembra.

2) Inseminación:

a) In, dentro.

b) _____, semilla.
Utilizar semen para fines de fertilización.

Sinus: cavidad
1) Sinusitis:

a) _____, cavidad, seno.

b) Itis, _____.
Inflamación de los senos de la cara.

Succus: jugo
1) Suculento:

a) _____, jugo.
Jugoso.

2) Succívoro:

a) _____, jugo.
b) Voro-vorare, devorar.

Que se nutre de _____ de vegetales o animales.

Virus: veneno
1) Virulento:

a) _____, veneno.
Venenoso, ponzoñoso, maligno.

2) Virulencia:

a) _____, veneno.
Malignidad, ponzoña.

Vulnus, vúlneris: herida
1) Vulnerable:

a) _____, herida.
Que puede ser herido material o moralmente.

2) Invulnerable:

a) In, no.

b) _____, herida.
Que no puede ser herido material o moralmente.

b) Correlaciona ambas columnas:

1) ( ) Bacilo   a) Agrio
2) ( ) Genuflexión   b) Cajita
3) ( ) Óseo   c) Relativo a los huesos
4) ( ) Cruento   d) Relacionado con los dientes
5) ( ) Acerbo   e) Hueso de la rodilla en forma de rueda
6) ( ) Capilar   f) Relativo al cabello
7) ( ) Rótula   g) Venenoso
8) ( ) Subcostal   h) Sangriento
9) ( ) Virulento   i) Flexión de la rodilla
10) ( ) Cápsula   j) Debajo de las costillas
     k) Bacteria en forma de bastón

c) Selecciona la respuesta correcta:

1) ( ) Substancia blanquecina parecida a la clara de huevo:
     a) Albúmina.
     b) Tripsina.
     c) Bilirrubina.

2) ( ) En forma de cabello:

　　a) Capiliforme.
　　b) Cauliforme.
　　c) Auriforme.

3) ( ) Entre las costillas:

　　a) Subcostal.
　　b) Intercostal.
　　c) Supracostal.

4) ( ) Que se alimenta de frutos:

　　a) Herbívoro.
　　b) Frugívoro.
　　c) Vermívoro

5) ( ) Debilidad por falta de alimentos:

　　a) Inanición.
　　b) Desnutrición.
　　c) Molicie.

EJERCICIOS COMPLEMENTARIOS

a) Verbos latinos que originan un mayor número de palabras castellanas.

CEDÉRE: moverse, ceder　　FERRE: producir
PÉNDERE: pender, depender　　AUDIRE: oir
FUGARE: fugarse, huir　　LAÉDERE: herir
GÉRERE: llevar　　LOQUI: hablar
VORARE: devorar　　VACARE: descansar
CAÉDERE: matar　　VOCARE: llamar
DÚCERE: conducir　　VIDÉRE: ver

　　Para lograr este objetivo, el alumno hará uso de un diccionario español y determinará el significado correcto de las palabras derivadas de los verbos anteriores; además, precisará el verbo latino del cual se originan aquéllas, subrayando el adecuado de los tres que se presentan.

Ejemplo:

Bactericida: _____ Que mata bacterias _____

_____

a) audire:
b) caédere: matar.
c) videre: ver.

1) Antecedente: _____

_____

a) audire: oir.
b) Ferre: producir.
c) Cedére: ceder.

2) Excederse: _____

_____

a) vacare: descansar.
b) cedére: moverse.
c) caédere: matar.

3) Preceder: _____

_____

a) cedére: ceder.
b) audire: oir.
c) ferre: producir.

4) Lesión: _____

_____

a) vacare: descansar.
b) laédere: herir.
c) audire: oir.

5) Proceder: _____

_____

a) cedére: ceder.
b) audire: oir.
c) ferre: producir.

6) Depender: _____

_____

a) péndere: pender.
b) loqui: hablar.
c) audire: oir.

7) Inducción: _____

_____

a) dúcere: conducir.
b) ferre: llevar.
c) laédere: herir.

8) Locutorio:

_____

a) loqui: hablar.
b) fugare: fugarse.
c) gérere: llevar.

9) Insecticida: _____

_____

a) péndere: pender.
b) caédere: matar.
c) cedére: ceder.

10) Vacante: _____

_____

a) vacare: descansar.
b) dúcere: conducir.
c) loqui: hablar.

11) Locución: _____

_____

    a) audire: oir.
    b) loqui: hablar.
    c) vidére: ver.

12) Febrífugo: _____

_____

    a) fugare, huir.
    b) ferre: llevar.
    c) gérere: llévar.

    (*a*) vidére, ver.
    (*b*) vocare, llamar.
    (*c*) vacare, descansar.
    (*d*) gérere, conducir.
    (*e*) vorare, devorar.
    (*f*) caédere, matar.
    (*g*) audire, oir.
    (*h*) ferre, producir.
    (*i*) dúcere, conducir.
    (*j*) fugare, fugarse.
    (*k*) péndere, pender.

    Relaciona las palabras abajo enlistadas con su respectivo verbo latino.
    Escribe el significado de cada palabra.

( ) Vocación: _____

( ) Suspender: _____

( ) Expender: _____

( ) Vermífugo: _____

( ) Centrífugo: _____

( ) Flamígero: _____

(   ) Cornífero: _____

(   ) Herbívoro: _____

(   ) Piscívoro: _____

(   ) Deducción: _____

(   ) Somnífero: _____

(   ) Auditoría: _____

(   ) Televisión: _____

(   ) Audiovisual: _____

(   ) Insectívoro: _____

(   ) Introducción _____

(   ) Vacación: _____

(   ) Insecticida: _____

(   ) Bactericida: _____

b) Tecnicismos y cultismos españoles derivados de adjetivos latinos

> **Aequus:** igual.
> **Albus:** blanco.
> **Céntum:** cien.
> **Grávis:** pesado o grave.
> **Látus:** ancho.
> **Lévis:** ligero.
> **Lóngus:** largo.
> **Mágnus:** grande.
> **Omnis:** todo.
> **Plénus:** lleno.
> **Quínque:** cinco.
> **Rúber:** rojo.
> **Símilis:** semejante.
> **Vétus:** viejo.

Partiendo de un adjetivo latino, encontrarás una lista de palabras españolas que se han formado de aquél.

Busca en el diccionario el significado que les corresponda y redacta una frase u oración en donde utilices adecuadamente cada palabra definida.

Por ejemplo: La palabra EQUIPARAR significa ''comparar una cosa con otra'', tú puedes escribir, por lo tanto: ''Debemos equiparar el trabajo con el salario'', etc.

Este trabajo puede hacerse en casa o en la misma hora de clase, ya sea en forma individual o en equipos, siempre bajo la estricta supervisión del maestro.

Al final del taller, pueden hacerse comentarios, críticas, evaluaciones, etc.

1. Aéquus: igual.

   a) Equidistancia: (busca su definición y escríbela sobre las líneas en blanco) _____

   _____

   Ejemplo: (aquí escribe una oración y utiliza la palabra anterior).

   _____

   b) Equilibrio: (libra: balanza o peso): _____

   _____

   Ejemplo: _____
   c) Ecuación: _____

   _____

   Ejemplo: _____
   d) Adecuar: _____

   _____

   Ejemplo: _____
   e) Ecuador: _____

   _____

   Ejemplo: _____

2. Albus: blanco.

   a) Album: _____

   _____

   Ejemplo: _____

b) Albura: _____

_____

Ejemplo: _____

c) Alba: _____

_____

Ejemplo: _____

d) Albino: _____

_____

Ejemplo: _____

3. Centum: cien.

a) Centavo: _____

_____

Ejemplo: _____

b) Centena: _____

_____

Ejemplo: _____

c) Centeno: _____

_____

Ejemplo: _____

d) Centenario: _____

_____

Ejemplo: _____

e) Porcentaje: _____

_____

Ejemplo: _____

4. Gravis: grave, pesado.

a) Gravedad: _____

_____

Ejemplo: _____

b) Gravamen: _____

_____

Ejemplo: _____

c) Agravio: _____

_____

Ejemplo: _____

5. Levis: ligero (expresa idea de alzar).

    a) Elevar: _____

_____

Ejemplo: _____

    b) Levadizo: _____

_____

Ejemplo: _____

    c) Levedad: _____

_____

Ejemplo: _____

    d) Sublevar: _____

_____

Ejemplo: _____

    e) Liviano: _____

_____

Ejemplo: _____

6. Magnus: grande.

    a) Magno: _____

_____

Ejemplo: _____

b) Tamaño: (de tam, tan y magnus, grande). _____

_____

_____

Ejemplo: _____

c) Magnífico: (de fácere, hacer): _____

_____

Ejemplo: _____

7. Omnis: todo.

a) Omnímodo: _____

_____

Ejemplo: _____

b) Omnisciente: (scire, saber): _____

_____

Ejemplo: _____

c) Omnipotente: (pótens, que puede): _____

_____

Ejemplo: _____

d) Omnívoro: (vorare, devorar o comer): _____

_____

Ejemplo: _____

8. Plenus: pleno, lleno.

a) Plenitud: _____

_____

Ejemplo: _____

b) Plenario: _____

_____

Ejemplo: _____

   c) Plenilunio: (luna, luna): _____

   _____

      Ejemplo: _____

   d) Plenipotenciario: _____

   _____

      Ejemplo: _____

9. Rúber: rojo.

   a) Rubí: _____

   _____

      Ejemplo: _____

   b) Rubéola: _____

   _____

      Ejemplo: _____

   c) Rubidio: _____

   _____

      Ejemplo: _____

   d) Rubor: _____

   _____

      Ejemplo: _____

   e) Rubro: _____

   _____

      Ejemplo: _____

   f) Rúbrica: _____

   _____

      Ejemplo: _____

10. Símilis: semejante.

   a) Similitud: _____

   _____

      Ejemplo: _____

b) Simulación: _____

_____

Ejemplo: _____

c) Símil: _____

_____

Ejemplo: _____

d) Simulacro: _____

_____

Ejemplo: _____

e) Disímil: _____

_____

Ejemplo: _____

11. Vetus: viejo.

a) Vetusto: _____

_____

Ejemplo: _____

b) Veterano: _____

_____

Ejemplo: _____

Relaciona los contenidos de la 1a. y 2a. columnas y escribe en los espacios vacíos de la 3a. la letra y número respectivamente de aquéllas según el origen etimológico de los términos iniciales.

1a.	2a.	3a.		
a) centenario	1) igualdad	_c_ , _7_		omnis
b) gravamen	2) viejo	____ , ____		símilis
c) omnívoro	3) luna llena	____	____	albus
d) magnífico	4) amanecer	____	____	rúber
e) alba	5) grandioso	____	____	gravis
f) plenilunio	6) obligación que pesa sobre alguien	____	____	vetus
g) rubéola	7) animal que se nutre con toda clase de alimentos	____	____	céntum
h) simulacro	8) fiesta que se celebra cada cien años	____	____	magnus
i) vetusto	9) especie de sarampión	____	____	plenus
j) equidad	10) representación ficticia	____	____	aéquus

c) Tecnicismos y cultismos españoles que llevan una partícula latina.

Las partículas latinas, conocidas generalmente como prefijos, entran en la formación de palabras castellanas modificando su significado.

La denotación original de estas partículas en unos casos, es apenas entrevista en el sentido actual de las palabras; en otros, podríamos decir que no existe ninguna relación ideacional entre el significado de la partícula y el de la palabra de la cual es un simple elemento. Esto se debe, sin duda, a un proceso sociohistórico y evolutivo del lenguaje.

A continuación se citan las partículas latinas más importantes con su significado y la idea que expresan en la mayoría de los casos.

Partícula	*Significado*	*Idea expresada*
AB-A	de, desde	Separación, privación
AD-A-AC	junto a	Cercanía

Partícula	*Significado*	*Idea expresada*
ANTE	antes	Posición (lugar y tiempo)
BI-BIS	dos veces	Duplicación
CIRCUN (M)	alrededor	Lugar
CO-CON	con	Unión, compañía
CONTRA	contra	Oposición
INTER	entre	Situación, posición
DE-DES, DI-DIS	fuera de	Negación, separación exceso, privación
EX-E	fuera, más allá de	Límite de lugar o tiempo (lugar o tiempo)
EXTRA	fuera de	
IN-IM-I	dentro, no	Lugar, negación
INFRA	abajo	Posición
INTRO	adentro	Lugar
O-OB	frente a,	Resistencia o contrariedad
PER	a través de	Intensidad
PRO	delante, a favor de en lugar de	
RE	dos veces, otra vez	Repetición
RETRO	hacia atrás	En tiempo y lugar
SEMI	medio, casi	Semejanza
SUPER	sobre, encima	Lugar
SUPRA	sobre, arriba	Lugar
SU-SUB-SO	debajo, abajo	Lugar
TRA-TRAN-TRANS	al otro lado	Movimiento
ULTRA	más allá, al otro lado	Exceso
PRE	antes de	Lugar y tiempo
POS-POST	después de	Tiempo

Escribe en el espacio en blanco la partícula clave que corresponda, de acuerdo con el significado que a continuación se menciona en cada caso. Se te presentan como ejemplos resueltos los números 1 y 2, completa los demás de la misma forma.

a)   1 __com__ poner   arreglar, restaurar   (con)

        2 __o__ poner   encarar, enfrentar   (frente a)

        3 _____ poner   intermediar   (entre)

    4 _____ poner   sobreponer   (sobre)

    5 _____ poner   reemplazar   (otra vez)

    6 _____ poner   postergar   (después de)

    7 _____ poner   preceder   (antes)

    8 _____ poner   infligir   (dentro)

    9 _____ poner   enfrentar   (contra)

    10 _____ poner   creer, imaginar   (abajo)

    11 _____ poner   pasar   (al otro lado)

    12 _____ poner   exhibir   (fuera de)

b)   1 _____ portar   enviar una mercancía fuera del país   (fuera)

    2 _____ portar   traer una mercancía al país   (dentro)

    3 _____ portar   sostener, sufrir   (debajo)

    4 _____ portar   llevar de un lado a otro.

    5 _____ portar   aducir, dar   (junto a)

    6 _____ portar   informar, devolver   (dos veces)

c)   1 _____ ferir   extraer, deducir   (dentro)

    2 _____ ferir   intervenir, interponer   (entre)

    3 _____ ferir   elegir, escoger   (antes de)

    4 _____ ferir   pronunciar   (delante)

    5 _____ ferir   aludir, contar   (otra vez)

    6 _____ ferir   traspasar   (al otro lado)

    7 _____ ferir   dar, otorgar   (con)

d)   1 _____ scribir   afiliar   (junto a)

    2 _____ scribir   apuntar, anotar   (dentro)

    3 _____ scribir   limitar, restringir   (alrededor de)

    4 _____ scribir   copiar   (al otro lado)

    5 _____ scribir   imponer   (antes de)

e) 1 _____ misión   entrada   (adentro)

2 _____ misión   difusión   (fuera)

3 _____ misión   comunicación   (al otro lado)

4 _____ misión   renuncia   (separación)

5 _____ misión   nota de envío   (otra vez)

6 _____ misión   vasallaje   (debajo)

7 _____ misión   cometido, junta   (con)

8 _____ misión   aceptación   (junto a)

f) 1 _____ ducir   entrar, meter   (adentro)

2 _____ ducir   llevar   (dentro)

3 _____ ducir   rebajar, cortar   (otra vez)

4 _____ ducir   elaborar, fabricar   (delante)

5 _____ ducir   interpretar   (al otro lado)

6 _____ ducir   dirigir, guiar   (con)

7 _____ ducir   traer   (junto a)

8 _____ ducir   copiar, calcar   (otra vez/en lugar de)

g) 1 _____ ceder   estar antes   (antes)

2 _____ ceder   estar antes   (antes de)

3 _____ ceder   provenir, descender   (en lugar de)

4 _____ ceder   permitir, autorizar   (junto a)

5 _____ ceder   otorgar, dar   (con)

6 _____ ceder   defender   (entre)

7 _____ ceder   sobrepasar, rebasar   (más allá)

8 _____ ceder   acontecer, acaecer   (debajo)

h) 1 _____ spectivo   que mira hacia atrás   (hacia atrás)

2 _____ spectivo   que mira hacia dentro   (hacia dentro)

3 _____ specto   examinado   (delante)

    4 _____ specto   cauto, reservado   (alrededor de)

    5 _____ specto   tocante a, referente a   (otra vez)

i)   1 _____ primir   apretar   (frente a)

    2 _____ primir   quitar   (debajo)

    3 _____ primir   hacer callar   (otra vez)

    4 _____ primir   poner   (dentro)

    5 _____ primir   prensar   (con)

    6 _____ primir   sacar el líquido   (fuera)

j)   1 _____ acción   (entre)

    2 _____ acción   (al otro lado)

    3 _____ acción   (con)

    4 _____ acción   (otra vez)

    5 _____ acción   (hacia atrás)

k) Escribe el significado o un sinónimo de las palabras del apartado J.

    1. _____

    2. _____

    3. _____

    4. _____

    5. _____

l) Diviértete construyendo palabras. Tienes un máximo de diez minutos. Relaciona la columna de la izquierda con la de la derecha formando palabras. Solamente forma aquellas que creas que existan en el diccionario. Tu calificación será: 40 palabras: excelente; 35: bastante bien; 30: regular y 25: malo. ¡Suerte!

bi	spirar
	forme
co-con	vivir
	cidir
ex	volver
	vestir

pro	clamar
	lingüe
de-des	lateral
	estructurar
re	halar
	vocar
in	mover
	ligar
	ceptor
	meter

1 _____   21 _____

2 _____   22 _____

3 _____   23 _____

4 _____   24 _____

5 _____   25 _____

6 _____   26 _____

7 _____   27 _____

8 _____   28 _____

9 _____   29 _____

10 _____   30 _____

11 _____   31 _____

12 _____   32 _____

13 _____   33 _____

14 _____   34 _____

15 _____   35 _____

16 _____   36 _____

17 _____   37 _____

18 _____   38 _____

19 _____   39 _____

20 _____   40 _____

m) Escribe a continuación un sinónimo o el significado de las palabras que encontraste.

1 _____

2 _____

3 _____

4 _____

5 _____

6 _____

7 _____

8 _____

9 _____

10 _____

11 _____

12 _____

13 _____

14 _____

15 _____

16 _____

17 _____

18 _____

19 _____

20 _____

21 _____

22 _____

23 _____

24 _____

25 _____

26 _____

27 _____

28 _____

29 _____

30 _____

31 _____

32 _____

33 _____

34 _____

35 _____

36 _____

37 _____

38 _____

39 _____

40 _____

n) Subraya la partícula latina de las siguientes palabras; investiga su significado y escríbelo en el espacio vacío.

1. retrógrada _____

2. infrahumano _____

3. ultrasónico _____

4. semicírculo _____

5. iletrado _____

6. retrocarga _____

7. aberración _____

8. infraestructura _____

9. retrovisor _____

10. suprarrenal _____

11. semiesférico _____

12. ignoto _____

13. suprasensible _____

14. infrarrojo _____

15. ilegal _____

16. absoluto _____

17. semidios _____

18. ilegítimo _____

19. bíceps _____

20. ablución _____

ñ) Escribe una (X) en el paréntesis correspondiente a las expresiones que tú creas que son enunciados correctos atendiendo a su significado.

1. Las glándulas suprarrenales están colocadas arriba de los pulmones. (   )
2. Los defensores del esclavismo son retrógradas. (   )
3. Hitler promovió la Primera Guerra Mundial. (   )
4. Enrique hizo estudios de postgrado. (   )
5. En esta carta el inscrito reclama sus derechos. (   )
6. El bíceps es un animal de dos ojos. (   )
7. Lo adujo al vicio. (   )
8. Dimitió con honor. (   )
9. Serán eximidos los mejores alumnos, del examen final. (   )
10. Echemos una mirada retrospectiva a los hechos ocurridos a principios del siglo XIX. (   )

Locuciones latinas

OBJETIVO GENERAL:

- Utilizar correcta y adecuadamente locuciones latinas.

OBJETIVOS PARTICULARES

5.1. Comprender el significado preciso de locución latina.
5.2. Emplear correcta y adecuadamente algunas locuciones latinas

---

5.1.1. LOCUCIONES LATINAS

Es común encontrar expresiones latinas que han tomado carta de ciudadanía en nuestro idioma. Estos giros o modos de hablar, llamados generalmente locuciones, tienen como función esencial expresar de manera concisa y eficaz conceptos de carácter filosófico, proverbial y científico.

Son frases hechas que se usan siempre en forma invariable y que en ocasiones expresan más de lo que dicen. Sirven para definir fenómenos o situaciones que, sin ellas, sólo con frases más largas y complicadas se podrían expresar.

Es conveniente conocer el estricto sentido de las mismas para poder emplearlas correcta y adecuadamente.

¿Quién no ha escuchado alguna vez expresiones tales como: "nuestra empresa tiene un alto **déficit**", o bien, "nuestra **alma mater** pugna por elevar el **status** social y el **modus vivendi** de las clases marginadas"?

Estas locuciones, tomadas en gran parte de textos clásicos de la antigüedad, se han incorporado a nuestro lenguaje ordinario y culto, apareciendo con regularidad en libros, revistas y periódicos.

5.1.2. SIGNIFICADO Y USO DE ALGUNAS LOCUCIONES LATINAS

- *Ad lítteram.* A la letra (literalmente). Recitó un poema **ad lítteram.** (sin suprimir ni una jota).
- *Alias.* De otro modo (por otro nombre). Se utiliza en forma abreviada (**a**) seguida de un sobrenombre. Ej.: Encarcelaron a Lalo González (**a**) "el Piporro".
- *Ad hoc.* Para esto. Un objeto **ad hoc** es un objeto adecuado, a propósito. Ej.: Los embajadores asistieron a un baile de etiqueta vestidos **ad hoc.**
- *Ad libitum.* A voluntad (a discreción). Expresión que se utiliza para significar que algo puede hacerse libremente. Ej.: El atleta realizó algunas prácticas **ad líbitum.**
- *Ad valorem.* Según el valor. Se emplea para establecer las tarifas arancelarias, partiendo del valor propio de la mercancía. Ej.: Con el I.V.A. algunas mercancías experimentaron un aumento impositivo **ad valorem.**
- *A fortióri.* Con mayor razón (necesariamente). Se utiliza para expresar que algo tiene que realizarse necesariamente. Ej.: Si aplicamos energía calorífica a un metal, **a fortiori** se dilatará.
- *Ab intestato.* Sin hacer testamento. Los bienes se heredan **ab intestato** cuando la persona a la que pertenecían murió sin hacer testamento.
- *Alea jacta est.* La suerte está echada. Se utiliza cuando, después de larga vacilación, se toma una decisión arriesgada. Ej.: No estudié mucho para el examen pero: **álea jacta est.**
- *Alma mater.* Madre creadora, vivificadora. Se designa con esta expresión a la universidad o a un centro intelectual. Ej.: Nuestra **alma mater** tiene su propia filosofía.
- *A priori.* Anticipadamente (sin comprobar). Designa algo que precede a la experiencia y es independiente de ella. Ej.: Ptolomeo afirmó **a priori** que la Tierra era el centro del universo.
- *Agenda.* Lo que hay que hacer. Hoy se designa con esta palabra el librito de notas en que se consignan las ocupaciones o quehaceres a realizar.

- *A posteriori.* De lo posterior (con base en la experiencia). Con esta expresión se acentúa la importancia de la experiencia en el conocimiento. Ej.: Las ciencias naturales se fundamentan en conocimientos **a posteriori.**

- *Casus belli.* Caso de guerra. Se aplica a lo que es motivo de conflicto internacional o disgusto entre particulares. Ej.: El hundimiento de un barco puede ser **casus belli.**

- *Cógito, ergo sum.* Pienso, luego existo. Frase del filósofo francés René Descartes.

- *Contraria, contrariis curantur.* Lo contrario se cura con su contrario. Máxima de la medicina clásica o alopática.

- *Currículum (vitae).* Lo recorrido (de la vida). La carrera. Expresión que indica la carrera realizada (conjunto de documentos que acreditan a una persona). Ej.: Ninguno de los solicitantes del cargo presentó **curriculum vitae.**

- *Divide et vinces.* Divide y vencerás. Máxima de Maquiavelo.

- *Doctor honoris causa.* Doctor por causa de honor. Grado honorífico que algunas instituciones otorgan a personas destacadas en algún campo de actividades o conocimientos. Ej.: El rector de nuestra universidad recibió el título **doctor honoris causa.**

- *Dura lex, sed lex.* Dura es la ley, pero es la ley. Significa la necesidad de cumplir con el deber por difícil que resulte.

- *E plúribus unum.* De varias cosas, una. Indica la armonía resultante de la unidad que se puede encontrar en la variedad. En ciertas monedas o billetes extranjeros se lee esta máxima.

- *Ex abrupto.* Inesperadamente (bruscamente) Ej.: Salió de la sala **ex abrupto.**

- *Ex cáthedra.* Desde la cátedra. Hablar **ex cathedra** significa expresarse en tono magisterial y solemne.

- *Ex professo.* A propósito (deliberadamente). Se citaron **ex professo** para resolver el problema.

- *De facto.* De hecho. Ej.: **De facto,** hoy damos por terminado el curso.

- *De jure.* De derecho. Ej.: **De jure,** todos deberíamos pagar nuestros impuestos.

- *Facta, non verba.* Hechos, no palabras. Recalca la importancia de la acción sobre la especulación.

- *Homo erectus.* Hombre erguido. *Homo faber.* Hombre trabajador. *Homo sapiens.* Hombre pensante. Dentro de la antropología se hace esta clasificación para especificar en parte las épocas históricas del hombre.

- *Homo hómini lupus.* El hombre es un lobo para el hombre. Expresa una concepción pesimista del hombre, como en la teoría de Hobbes.
- *Idem.* Igual, lo mismo. Se abrevia **id.** y se ve con frecuencia en las referencias y citas bibliográficas para indicar algo ya mencionado.
- *In extremis.* En los últimos momentos. Ej.: El señor González firmó el documento **in extremis.**
- *In memoriam.* Para recuerdo. En las tumbas es usual esta expresión.
- *In situ.* En el sitio (en el lugar). Estudiaron el fósil **in situ** (donde lo encontraron).
- *Inteligenti pauca.* Al inteligente, pocas palabras. Equivale al dicho popular castellano: "al buen entendedor pocas palabras".
- *In vitro.* En vidrio. Expresión que se refiere a observaciones y experimentos realizados en probetas. Ej.: Los estudiantes realizaron un experimento **in vitro.**
- *Ipso facto.* En el mismo hecho. Indica la prontitud con que debe ejecutarse una acción. Ej.: Señorita, hágame los recibos **ipso facto.** (En este mismo momento).
- *Lapsus línguae.* Error de lengua. Equivocación al hablar. Ej.: El locutor tuvo un **lapsus linguae** cuando anunciaba la muerte del presidente.
- *Magister dixit.* El maestro lo ha dicho. Argumento de autoridad.
- *Manu militari.* Por mano militar, por la fuerza. Ej.: América del Sur es gobernada **manu militari** (con las armas).
- *Mare magnum.* Gran mar (confusión, tumulto). En las filosofías actuales encontramos un **mare magnum** de ideas.
- *Mens sana in córpore sano.* Mente sana en cuerpo sano. Texto de Juvenal. Expresión que utilizan la sicología y la filosofía al hablar de la relación: mente-cuerpo.
- *Memorándum.* Lo que debe ser recordado. Escrito u objeto que auxilia nuestra memoria Ej.: Olvidé mi **memorándum** en casa.
- *Modus operandi.* Modo de trabajar. El obrero tiene su propio **modus operandi.**
- *Modus vivendi.* Modo de vivir. Ej.: Al no poder probar su **modus vivendi** se lo llevaron a la cárcel.
- *Mutatis mutandis.* Cambiando lo que se debe cambiar. Marx y Engels representan el mismo pensamiento filosófico, **mutatis mutandis.**
- *Nota bene.* Fíjate bien. Se abrevia N. B.
- *Opus.* Obra. Título que se da a una obra musical o de otra índole artística.
- *Post data.* Después de lo dicho. En las cartas se abrevia: P. D.
- *Post mortem.* Después de muerto. Le concedieron un título honorífico **post mortem.**

- *Requiéscat in pace.* Descanse en paz. Frase usual que se inscribe en las tumbas y se abrevia: R.I.P.
- *Similia similubis curantur.* Los semejantes se curan con sus semejantes. Principio en el que se basa el método terapéutico homeopático.
- *Sine qua non.* Sin la cual no. Hace referencia a algo que se considera intrínsecamente necesario para la realización de un suceso, fenómeno o acontecimiento. Ej.: La lucha de clases es una condición **sine qua non** para que se realice la Historia.
- *Statu quo.* En el estado en que. En el presente actual.
- *Sui géneris.* A su modo (especial). Ej.: Cada escritor tiene un estilo de escribir **sui generis.**
- *Ut supra.* Como más arriba. Se usa en documentos para no repetir cláusulas o condiciones.
- *Velis Nolis.* Quieras o no quieras. Por la fuerza. Ej.: Lo harás, **velis, nolis.**
- *Verba volant, scripta manent.* Las palabras vuelan, lo escrito permanece. Ej.: Firma el documento porque **verba volant, scripta manent.**

5.1.3. USO PRECISO DE LAS LOCUCIONES LATINAS

La riqueza expresiva de nuestro idioma es incuestionable. ¿Por qué, pues, se utilizan estas expresiones extranjeras? La respuesta es sencilla.

Es cierto que nuestro español posee una variedad inagotable de palabras para significar cualquier tipo de realidad o ficción; sin embargo, es necesario hacer uso de aquéllas no sólo, por la plasticidad que denotan, sino por la concisión que las caracteriza.

Las locuciones deben ser empleadas sólo cuando se requiera proporcionar cierta consistencia y formalidad a algunas expresiones. Existe el peligro de abusar de ellas para aparentar vana erudición o con el simple afán de impactar o "apantallar".

Las palabras del libro de las Partidas de Alfonso el Sabio siguen teniendo vigencia: "El mucho hablar hace envilecer las palabras".

El uso preciso de tales expresiones dependerá, en gran manera, del conocimiento de su respectiva traducción al español; esto último evitará utilizarlas o pronunciarlas de manera inadecuada. Así, no diremos: **lapsus lingüis** o **en el ipso facto.** etc.

Será conveniente compenetrarnos del contexto para evitar los errores o disparates que en muchos casos provocan la hilaridad y el escarnio de los conocedores.

EJERCICIOS DE APLICACIÓN

I. Anota falso (F) o verdadero (V) en las traducciones de las siguientes locuciones:

1. Divide et vinces.	( ) Anticipadamente
2. Casus belli.	( ) Caso de guerra.
3. Dura lex, sed lex.	( ) Dorada medianía.
4. Ad valorem.	( ) Según el valor.
5. Nota bene.	( ) Buena calificación.
6. In extremis.	( ) Extremadamente.
7. Ad líbitum.	( ) A discreción.
8. Agenda.	( ) Lo que debe hacerse.
9. Cógito, ergo sum.	( ) Pienso, luego existo.
10. E plúribus unum.	( ) De todos, uno.
11. A priori.	( ) Con experiencia.
12. Homo sapiens.	( ) Hombre astuto.
13. R. I. P.	( ) Se murió.
14. In situ.	( ) En el lugar.
15. Lapsus línguae.	( ) Error de dedo.

II. Escribe la traducción latina de las siguientes expresiones:

1. Mente sana en cuerpo sano: _____

2. De derecho: _____

3. Modo de vivir: _____

4. Error de lengua: _____

5. Por mano militar: _____

6. Lo que debe ser recordado: _____

7. Descanse en paz: _____

8. Quieras o no quieras: _____

9. Las palabras vuelan, lo escrito permanece: _____

10. Después de muerto: _____

III. Escribe una B o una M dentro del paréntesis, si las locuciones usadas en las siguientes oraciones, están BIEN o MAL utilizadas, respectivamente:

( ) El tribunal supremo anunció que aplicaría toda la ley, ya que **dura lex, sed lex.**

( ) El alumno entró a su examen diciendo: **álea jacta est.**

(**)** En nuestra **Alma mater** hemos recibido toda nuestra preparación académica.

( ) Al comprobar la existencia de un sujeto pensante, Descartes dijo: **Cógito, ergo sum.**

( ) La madre alterada increpó a su hijo: "retírate **ipso facto**".

( ) Inusitadamente el locutor dijo: "he tenido un imperdonable **lapsus lingüis**".

( ) Terminando su carta, Alejandra olvidó un asunto importante y anotando al final: **R.I.P.,** escribió lo que había olvidado.

( ) El orador repetía incesantemente: **verba volant, scripta manent. . .** y hablaba y hablaba.

Voces cultas derivadas de la mitología y la historia grecolatina

---

OBJETIVO GENERAL:

- Panorama histórico-evolutivo de ciertos cultismos españoles.

OBJETIVO PARTICULAR:

6.1. Precisar el significado de voces cultas derivadas de la mitología y la historia greco-romana.

6.1.1. INFLUENCIA DE LA MITOLOGÍA Y LA HISTORIA GRECO-ROMANAS EN NUESTRO IDIOMA

Los griegos veneraban a muchos dioses, cada uno de los cuales tenía bien definidas sus funciones. El soberano de todos era Zeus, sólo limitado en su poder por el destino o las Parcas.

Esos dioses se caracterizaban por las mismas cualidades y vicios que tienen los hombres, pero eran inmortales, felices, jóvenes y casi todos hermosos, de acuerdo con el concepto griego de la belleza como un atributo divino.

Los romanos adoptaron los dioses griegos, cambiándoles nombres y algunos atributos.

Las creencias religiosas y antiguas leyendas, inventadas por el pueblo más antiguo de la historia, forman el coherente y poético conjunto llamado mitología, y siguen fascinando a poetas, escritores y artistas.

El mito y el hecho histórico greco-romanos, han generado un alto número de vocablos españoles. Infinidad de términos y expresiones, que se han hecho clásicos en nuestro lenguaje ordinario y culto, se han originado de aquéllos.

Los acontecimientos históricos y las concepciones míticas forman parte de nuestra herencia cultural. Expresiones tales como: **enfermedad venérea, el cuerno de la abundancia, la manzana de la discordia, caja de Pandora, el caballo de Troya,** etc., nos hablan de esta realidad.

6.1.2. VOCES CULTAS DERIVADAS DE LA MITOLOGÍA Y LA HISTORIA GRECO-ROMANAS

Adonis:

Adolescente de maravillosa belleza amado por Afrodita. Yendo un día de caza, fue acometido por un furioso jabalí que le dejó sin vida. La diosa acudió a salvarle y al ver que era demasiado tarde, convirtió su sangre en flores. Era tan grande su aflicción que Plutón, el dios del Hades, otorgó a Adonis el privilegio de permanecer todos los años, seis meses sobre la Tierra. En su honor se celebraba anualmente un festival que constaba de dos partes: una, lamentándose de su partida y otra, regocijándose por su retorno.

Corrientemente escuchamos la expresión: "Fulano es un **Adonis***", con lo que se quiere significar que aquél tiene una presencia física extraordinaria.*

Afrodisia, afrodisiaco:

Vocablos originados de Afrodita, diosa griega del amor y la belleza (Venus, entre los romanos). Su nombre (de ἄφρος, espuma), alude a la creencia de que fue formada con espuma de mar, en tanto que la Ilíada la considera hija de Zeus y Dione. Esposa infiel de Hefestos

(Vulcano), tuvo numerosos amantes divinos como Hermes (Mercurio), Ares (Marte), Dionisios (Baco), y Poseidón (Neptuno), y humanos como Anquises y Adonis. Se le considera protectora del amor sensual, que se ha representado cabalgando un macho cabrío, símbolo de la lujuria.

*La **afrodisia** en la patología actual es la alteración del apetito sexual. Lo **afrodisiaco** (alimentos o medicamentos) es un supuesto estimulante artificial de este apetito.*

Ambrosía:

En la mitología griega, era la ambrosía el manjar de los dioses, que fluía del cuerno de la cabra Amaltea. Licor delicioso, "nueve veces más dulce que la miel", confería dicha, juventud y belleza eternas a quienes de él participaban.

Dícese de cualquier tipo de bebida o comida de gusto excesivamente suave y delicado.

Amazona:

Según la leyenda griega, las Amazonas eran una raza belicosa de mujeres que vivían más allá del Cáucaso, e invadieron Asia Menor, Tracia, Grecia, Egipto y otros países. Eran gobernadas por una reina y no toleraban en sus dominios la presencia de hombres. Una vez al año, para perpetuar la especie, establecían relaciones efímeras con sus vecinos, los habitantes de Gargara. A los nacidos, si eran varones, los mataban o devolvían a sus padres; si hembras, las conservaban y adiestraban celosamente en el arte de la guerra. Se decía que para mejor manejar el arco las amazonas se extirpaban el pecho derecho. (De ahí su nombre ά privativa y μαστός pecho).
En América del Sur existió también la leyenda de las amazonas, que dieron su nombre al gran río.

Este término se aplica en un sentido figura-
do, a la mujer alta y de aspecto varonil. Se
le llama también **amazona** *a la mujer que*
monta a caballo.

Arpía:

Pájaro loco y rapaz de la mitología griega. En
su origen las arpías eran personificaciones
de los vientos tormentosos y rápidos. Se les
describe también con brazos y pechos de mujer, con garras y alas de ave. Los escritores
posteriores las describían como monstruos
alados y horribles, que acosaban a Fineo, el
ciego, robándole la comida o contaminán-
dosela.

En nuestro medio se le llama **arpía** *a una mu-*
jer de muy mala condición o muy fea y flaca.

Ateneo:

Vocablo derivado de Atenea, diosa griega de
la sabiduría, del arte y el comercio y, desde
otro punto de vista, de la guerra en su aspecto
científico. Aparece representada generalmente con armadura y a ella se dedicaban con frecuencia los despojos de la guerra. Ella, a la que
también invocaban los pintores, maestros, médicos y artesanos, era la diosa que guiaba a
los héroes en la guerra. Se le atribuyó la in-
vención de los instrumentos de viento, cuyo
uso tuvo tanta importancia en las ceremonias
religiosas.

El ATENEO, es el lugar donde, reunidos los
estudiosos, buscan encontrar la verdad y la
ilustración del espíritu.

Atlante:

Proviene de Atlas, figura legendaria griega,
hijo de Yapeto y hermano de Prometeo; se le
representaba sosteniendo los cielos o el mundo
sobre sus espaldas. Fue padre de las Pléyades,
las Híades, las Hespérides y Calipso.

La costumbre de poner esta imagen en los antiguos mapas, ha derivado en el moderno empleo de la palabra atlas: conjunto de mapas con gran variedad de datos geográficos, o también una serie de láminas o ilustraciones de algún tema específico. En arquitectura, el término **ATLANTE** adquiere el significado de columna en forma de hombre.

Ave Fénix:

Ave mitológica que, según Herodoto, aparecía en la Heliópolis egipcia una vez cada 500 años para enterrar a su progenitor en el santuario allí situado tras encerrar su cuerpo en un huevo de mirra. El pájaro, semejante a un águila, poseía plumas purpúreas y doradas. En otras versiones, cuando el **fénix** (del cual sólo existía uno) veía próximo su fin, construía un nido del que nacería el **fénix** que habría de sucederlo. Leyendas posteriores refieren que el **fénix** agonizante se arrojaba a las llamas de las que surgiría el nuevo descendiente.

*Se dice la expresión "es como el ave **fénix**" para aludir a una persona o una empresa que, después de haber perdido todo, surge con nuevos bríos y mayor entusiasmo.*

Bacanal:

Término originado de Baco, dios romano del vino; simboliza la fuerza reproductora y fertilizante de la naturaleza. Siendo Baco el dios del vino, las generaciones posteriores a este ser mitológico, celebraban festividades en su honor, ingiriendo grandes cantidades de licor.

La expresión "una bacanal", es una orgía que degenera en la desvergüenza.

Catilinaria:

Palabra que se origina de Lucio Sergio Catilina (108-62 A.C.), patricio romano, célebre por la conjuración que lleva su nombre. Ganó

fama de avaro. La mayor parte de la historia escrita sobre Catilina procede de sus enemigos, especialmente de Cicerón, por lo que es casi imposible reconstruir la verdad sobre la personalidad y sus ambiciones políticas. Se nos ha presentado como demagogo sin escrúpulos, que se apoyó en bajas pasiones para lograr sus fines personales.

Una **catilinaria,** *en la oratoria, es una pieza que se caracteriza por su sátira violenta y vigorosa. Toma su nombre de los cuatro discursos de Cicerón que pronunció contra Catilina el año 63 A. C.*

Centauro:

Según la mitología griega, los centauros eran extrañas y salvajes creaturas. Se les atribuyó tronco y cabeza de hombre y extremidades inferiores de caballo. Los centauros tenían fama de vigorosos y violentos; por ello figuran como símbolo de la barbarie. En una ocasión, invitados por Pirito a una boda, se emborracharon a tal grado, que intentaron raptar a Hipodamia, esposa de su anfitrión. Perseguidos por éste y Teseo resultaron casi exterminados en la sangrienta batalla, lo que representa el triunfo del espíritu del hombre sobre su parte animal.

Actualmente se aplica el término centauro al hombre que acostumbra andar a caballo, y cuyas cualidades son: inteligencia, osadía y arrojo. A Pancho Villa se le conoce como el Centauro del Norte.

Complejo de Edipo:

Según la mitología griega, Edipo fue hijo de Layo y de Yocasta. Layo, informado por un oráculo de que sería muerto por su hijo, hizo abandonar a Edipo, recién nacido, en el monte Citerón. Recogido por unos pastores, fue lle-

vado al rey de Corinto, que lo educó como un príncipe. Otro oráculo aconsejó más tarde a Edipo que no regresase a su patria porque habría de dar muerte a su padre y tendría que casarse con su madre. No creyendo tener más patria que Corinto se alejó de aquella ciudad, pero encontró en su camino a Layo y lo mató a consecuencia de una disputa. Mató a la Esfinge y en premio le fue concedida la mano de Yocasta, sin saber que era su madre. Al descubrirlo, ella se ahorcó y Edipo se sacó los ojos y abandonó Tebas, guiado por su hija Antígona. La leyenda inspiró a Sófocles dos de sus más bellas tragedias: Edipo Rey y Edipo en Colona.

La psicología freudiana comprende gran número de complejos, como el de Edipo, que se caracteriza por la persistencia del niño en apegarse demasiado a la madre junto con un antagonismo muy remarcado hacia el padre.

Complejo de Electra:

Electra, hija de Agamenón, rey de Argos (que fue asesinado por su infiel esposa Clitemnestra y el amante de ésta), dio muerte a su madre por haberle arrebatado al padre.

Según las doctrinas psicoanalíticas, **el Complejo de Electra,** *es una actitud emocional que experimentan en su infancia todas las mujeres hacia su madre. Esta actitud implica una identificación tan completa con la madre que la niña desea, inconscientemente, eliminarla y poseer al padre.*

Cupido:

En la mitología romana, dios del Amor, identificado con el Eros de los griegos e hijo de Venus. Todos los autores le describen como un hermoso adolescente alado, con un arco y una aljaba de flechas (los dardos del amor), con que atraviesa el corazón de los amantes.

En sentido metafórico se dice que una persona ha sido herida por **Cupido** *cuando ésta se halla profundamente enamorada.*

Diana:

Antigua diosa romana, identificada posteriormente con la ARTEMISA griega. Era diosa de los campos y bosques, soltera, sí, pero no doncella; en realidad presidía los alumbramientos y era deidad del sexo femenino. Como diosa de la fertilidad y la vida rústica, fue representada con múltiples pechos y servida por animales salvajes. Es representada como una doncella cazadora, íntimamente relacionada con su hermano Apolo y opuesta a Afrodita (en cuanto que ésta tenía más relación con el placer y la sensualidad).

Diana *ha pasado a ser, además de un nombre propio, el prototipo de la cacería.*

Enfermedad venérea:

Enfermedad cuyo nombre, que alude a las actividades sexuales, deriva del de la diosa **Venus,** y su culto se identificaba con el del sexo.

Son enfermedades venéreas: sífilis, gonorrea, linfogranuloma venéreo, herpes genital, condiloma acuminado, SIDA, etc.

Erótico, ca:

Derivan de Eros, dios del amor, según la mitología griega. Aparece representado como un niño travieso, armado con un arco y flechas. Las heridas causadas por sus flechas inspiran amor (ver CUPIDO).

Lo erótico está relacionado con el amor carnal; son sinónimos: sensual, carnal, lascivo, libidinoso, lúbrico, obsceno, etc.

Dionisiaco, ca:

Derivan del Dionisios, dios del vino, en cuyo honor se celebraban fiestas tumultuosas en va-

rias ciudades de Grecia. En estas fiestas se bebía en abundancia y se cantaban himnos llamados ditirambos. El rasgo más importante de estos festivales era la representación de dramas trágicos o cómicos.

En el arte y en la literatura, el término **dionisíaco** *se identifica con el espíritu instintivo o pasional del hombre.*

Filípica:

Toma su nombre de FILIPO II (382-36 A. C.), rey de Macedonia, padre de Alejandro Magno. Aunque fue un genio militar, no usó de la fuerza cuando pudo conseguir sus propósitos mediante la habilidad o el soborno. Sus campañas contra las ciudades-estado griegas inspiraron las arengas políticas de DEMÓSTENES, gran orador de aquel entonces.

La **filípica,** *en oratoria, se caracteriza por la elocuencia sobria y vigorosa.*

Hercúleo, a:

Provienen de Hércules, una de las figuras más destacadas de la mitología clásica (griega y romana). Dotado de fuerza sobrenatural, afrontó innumerables peligros saliendo siempre victorioso, sin embargo, en un ataque de locura divina, asesinó a sus propios hijos. En castigo el Oráculo de Delfos le impuso doce trabajos.

A Hércules se le representa como prototipo del vigor y la vitalidad masculina. Cuando queremos calificar la fuerza extraordinaria de alguna persona decimos: "posee una fuerza **hercúlea",** *o bien, "tiene miembros* **hercúleos",** *etc.*

Maratónico, ca:

Maratón es la prueba pedestre de más larga distancia (42,195 m) y una de las más simbólicas e importantes en los Juegos Olímpicos.

Se denominó así a esta prueba en honor de Filípides, correo ateniense que en el año 490 A. C., marchó desde Maratón a Atenas, en un solo día, para anunciar la victoria griega de Milcíades sobre los ejércitos persas invasores. Según la tradición, el soldado se desplomó muerto, víctima de la fatiga, tan pronto como comunicó la noticia.

Alguien realiza una tarea **maratónica** *cuando se somete a una actividad que exige una resistencia fuera de lo común.*

Morfina:

En la mitología griega, Morfeo, hijo de la Noche, era considerado dios del sueño.

Es muy frecuente escuchar la siguiente expresión: **''se quedó en los brazos de Morfeo''** *que hace alusión a la expresión común ''se quedó dormido''. El término* **Morfeo** *dio origen al de* **morfina,** *substancia tóxica extraída del opio cuyas propiedades, entre otras, son: somnolencia y relajamiento.*

Narcisismo:

Narciso, según la mitología griega, era un joven extraordinariamente bello, aunque incapaz de experimentar la emoción del amor. La ninfa Eco se consumió de pena al no ser correspondida por aquél, y sólo quedó de ella la voz. Némesis, que juzgaba responsable a Narciso del destino de la ninfa, le castigó. Mientras bebía en una fuente, Narciso vio su imagen reflejada en el agua y se enamoró de su propia belleza. Tan intenso fue aquel amor, que sus pies echaron raíces en la orilla y él se transformó en una flor.

En psicología, el término **NARCISISMO,** *asume varias acepciones, principalmente la de introversión de la personalidad, que puede* *desembocar en el desplazamiento de la libido y determinar la llamada ambivalencia sexual. El narcisismo se manifiesta a menudo entre los adolescentes que duran horas arreglando su presencia en el tocador, etc.*

Ninfomanía:

Las Ninfas eran diosas de los bosques y los ríos. Se clasificaban en: Océanidas, ninfas del océano; Nereidas, ninfas del mar (Mediterráneo); Náyades, ninfas de los ríos; Oréades, ninfas de las montañas; Alseidas y Napeas, ninfas de los valles y las cañadas; y Driadas, ninfas de los árboles.

El término **NINFOMANÍA** *se aplica en la ciencia médica con el significado de exacerbación del apetito sexual. También recibe el nombre de Afrodisia (ver AFRODITA) y de Satiriasis (cuando se refiere sólo al hombre).*

Odisea:

La Odisea es el segundo de los grandes poemas épicos de Homero. Relata en 24 libros las aventuras del héroe griego Ulises, uno de los principales jefes helenos durante la GUERRA DE TROYA. El poema comienza diez años después de la caída de Troya.

En alusión a ese gran poema, en la actualidad es sinónimo de **Odisea, un gran viaje** *en el cual abundan las aventuras. O también el conjunto de hechos heroicos o extravagantes realizados por un personaje. Así se dice:* **"su vida fue una odisea".**

Pánico:

Es un término originado de Pan, dios de los pastos, bosques y rebaños. Es descrito como hijo de Hermes. Las obras de arte antiguas lo representaban con cuernos, barba y pies de cabra, cabellera hirsuta, nariz corva, orejas puntiagudas y rabo. A veces se aparecía a los viajeros sobrecogiéndolos de súbito pavor.

Se le llama **Pánico** *al pavor súbito multitudinario causado por algún hecho imprevisto.*

Pigmalión:

Rey de Chipre, que se enamoró de una estatua femenina de mármol modelada por él mismo. Con sus súplicas, consiguió que Afrodita le infundiera vida. Cuando la estatua se convirtió en mujer, se casó con ella.

A quien se enamora de algo inanimado se le llama **pigmalión***; o bien, a cierta persona que, educando a un ser inferior al llegar a su término lo aprovecha para sí mismo.*

Pírrico, ca:

Deriva de Pirro, rey de Epiro. Alejado de su tierra natal, al ser destronado su padre, fue educado por Claucias de Iliria. Fue elevado al trono en el 295 A. C. Su empresa bélica más importante fue la guerra contra Roma en apoyo de Tarento. En el 279 obtuvo una costosa victoria en Ascoli; de ahí la frase "victoria **pírrica**". Después de continuas guerras, fue derrotado por los romanos en Benavento (275 A.C.). Fue asesinado en Argos por una mujer, que dejó caer una teja sobre su cabeza.

Se aplica el término **"pírrico"** *cuando después de mucho luchar es estéril el resultado o bien, se consigue una victoria escasa.*

Quimera:

Monstruo mitológico que vomitaba fuego. Según Homero, tenía cabeza de león, cuerpo de macho cabrío y cola de dragón. Otros autores la describen con cabeza y cuerpo de león y con una cabeza de cabra que le nacía del lomo. De origen divino fue criada por Arnisodaro y muerta por Belerofonte con la ayuda de Pegaso.

El término se emplea para designar un desvarío, un producto absurdo de la imaginación o una idea irrealizable.

Satiriasis:

En la mitología griega, los **sátiros** eran seres semidivinos que atendían al servicio de Dionisios. Mitad hombres y mitad cabras, tenían el cabello encrespado, orejas puntiagudas, dos cuernos, cola y pezuñas. Amantes del vino y los placeres sensuales, los **sátiros,** por su naturaleza llegaron a ser el terror de las gentes sencillas.

Se designa con el término sátiro a una persona desvergonzada o propensa a la lujuria o deleite carnal. La satiriasis es una alteración de las funciones sexuales en el hombre. Se debe a una sobreexcitación neuropsíquica que el sujeto no puede dominar. Es el equivalente de la ninfomanía en la mujer.

Talón de Aquiles:

Aquiles, hijo de Tetis y de Peleo, rey de los mirmidos, fue el más famoso de los héroes griegos de la Ilíada. Se dice que, por haberle sumergido su madre en la laguna Estigia, era invulnerable, excepto en el talón, que sirviera para sostenerle en la inmersión. Mató a Héctor en el sitio de Troya, pero fue mortalmente herido en el talón por una flecha envenenada lanzada por Paris. El nombre de **Aquiles** ha llegado a ser en todas las lenguas la personificación del valor.

El tendón de Aquiles, *en anatomía, es el ligamento que conecta los músculos de la pantorrilla con el talón. Se aplica también esta expresión para dar a entender la vulnerabilidad física o moral de una persona.*

Titánico, ca:

Adjetivo proveniente de los Titanes, hijos de Urano y Gea. Alzándose en rebeldía contra su

padre, le arrebataron la hegemonía del cielo otorgándosela a Cronos. Este se casó con su hermana Rea. Pero sus hijos, acaudillados por Zeus, se levantaron en armas contra él y los otros **Titanes.** El campo de batalla fue Tesalia. Zeus salió vencedor, arrojando a los vencidos **Titanes** en las profundidades del TARTARO.

En la actualidad la expresión **Titán** *es sinónimo de fuerte. A una persona se le llama* **titán** *por las obras que emprende; o bien se habla de una obra* **titánica,** *cuando ésta supone grandes esfuerzos.*

Vulcanización, vulcanizar:

Estos términos se originan de Vulcano, dios del fuego, según la mitología romana. Fue, por su cojera, el blanco de todas las burlas del Olimpo. Su madre, por ojeriza, lo arrojó del cielo. Vivió desde entonces, durante nueve años, en el fondo del océano con las deidades marinas. Hizo la armadura de Aquiles, los toros con aliento de fuego de Aetes y otras maravillas.

La **vulcanización** *es el tratamiento de diversas materias por acción del fuego* (**vulcanizar** *un neumático).*

EJERCICIOS DE APLICACIÓN

I. Ejercicios de complementación

Completa las siguientes expresiones:

1. Cuando una persona, después de haber perdido todo, surge con nuevos bríos y mayor entusiasmo en una nueva empresa, haciendo alusión a aquella ave mitológica que se arrojaba a las llamas para que surgiera el nuevo descendiente, se dice que es como el _____

2. Lugar donde, reunidos, los estudiosos buscan la verdad y la ilustración del espíritu: _____

3. Una bacanal, orgía tumultuosa, guarda relación con las fiestas celebradas en honor de _____

4. Discurso que se caracteriza por su sátira violenta, dirigido contra una persona: _____

5. El apego exagerado a la madre y el antagonismo hacia el padre denotan eventualmente un trasfondo psicopatológico. Freud, partiendo de una leyenda griega narrada por Sófocles y cuyo personaje es

_____ , propuso la expresión _____ para referirse al trastorno en cuestión.

6. El término _____ , tomado del personaje que por su belleza se enamoró de sí mismo, tiene su origen en un joven mitológico llamado:

_____

7. Personaje de la mitología romana; con sus flechas atraviesa el corazón de los amantes: _____

8. En la mitología griega, la _____ era el manjar de los dioses.

9. En nuestro medio se le llama _____ a una mujer de muy mala condición, o muy fea y flaca.

10. Un viaje lleno de aventuras, o toda una vida llena de peripecias, hace relación al poema épico escrito por Homero y lleva el nombre de

_____

II. Ejercicio de correlación

Anota las letras correspondientes dentro de los paréntesis

a). Adonis   ( ) Apego exagerado a la madre

b). Maratón   ( ) Mujer flaca y fea

c). Quimera   ( ) Desvergonzado y obsceno

d). Afrodisíaco   ( ) Prueba de resistencia

e). Filípica   ( ) Estimula el deseo sexual

f). Amazona   ( ) Sida

g). Arpía   ( ) Idea irrealizable

h). Sátiro   ( ) Joven apuesto

i). Enfermedad venérea   ( ) Pieza oratoria

j). Complejo de Edipo   ( ) Que monta a caballo

Ejercicios de autoevaluación

I) Selecciona la respuesta correcta:

1. (   ) Es la materialización que cada grupo humano hace de la potencia comunicativa, según su circunstancia particular y concreta.

   a) La palabra.
   b) El pensamiento.
   c) La expresión emotiva.
   d) La lengua.

2. (   ) La fuente en el proceso comunicacional, es:

   a) Quien recibe el mensaje.
   b) Lo que genera el mensaje.
   c) El mensaje mismo.

3. (   ) La comunicación no verbal comprende:

   a) Actos inconscientes del hablante.
   b) Actos naturales y culturales del individuo.
   c) Actos involuntarios del hombre.

4. (   ) Se calcula que actualmente se hablan aproximadamente en el mundo:

   a) Dos mil lenguas.
   b) Diez mil lenguas.
   c) Tres mil lenguas.

5. (   ) La clasificación morfológica agrupa las lenguas en cuanto a:

   a) La semejanza estructural.
   b) El origen común.
   c) La afinidad semántica.

6. (   ) El latín y el griego son lenguas:

   a) Aglutinantes.
   b) Monosilábicas.
   c) De flexión.

7. (   ) La familia lingüística indoeuropea abarca:

   a) Tres ramas importantes.
   b) Nueve ramas.
   c) Seis ramas.

8. (   ) Se dice que el español es una lengua:

   a) Dálmata.
   b) Rumánica.
   c) Romance.

9. (   ) Existe una lengua que le disputa al griego el 2o. lugar en la formación del español, esta lengua es:

   a) El hebreo.
   b) El inglés.
   c) El árabe.

10. (   ) Cuando hablamos de la etimología de una palabra nos referimos comúnmente a:

   a) Su origen.
   b) Su aplicación práctica.
   c) Su significado actual.

II) Escribe con caracteres griegos las siguientes palabras españolas.

11. Decágono _____

12. Cacografía _____

13. Megalomanía _____

14. Antiséptico _____

15. Fanerógama _____

16. Oxítono _____

17. Nosocomio _____

18. Autopsia _____

19. Braquiuro _____

20. Agnosticismo _____

III) Selecciona la respuesta correcta.

21. (   ) Es el reflejo de la realidad en conceptos expresados por palabras:

 a) La evolución.
 b) La modificación histórica.
 c) El hablar.
 d) La formación de pensamiento.

22. (   ) La comunicación es:

 a) Un proceso dinámico.
 b) Una fase lingüística.
 c) Un pensamiento abstracto.
 d) Un proceso estático.

23. (   ) En la comunicación intervienen:

 a) Dos elementos.
 b) Cuatro elementos.
 c) Un elemento.
 d) Tres elementos.

24. (   ) Las expresiones mímicas son ejemplos de comunicación:

  a) Verbal.
  b) No verbal.
  c) Fonética.
  d) Morfológica.

25. (   ) El mejor medio de comunicación, el más útil y perfecto, es:

  a) El lenguaje pantomímico.
  b) El lenguaje-palabra.
  c) El lenguaje matemático.
  d) El lenguaje telecomunicacional.

26. (   ) La capacidad de comunicación dependerá:

  a) De la comprensión que tengan hablante y oyente del có-
     digo de señales.
  b) De la buena interpretación del código por parte del
     oyente.
  c) De la buena pronunciación del hablante.

27. (   ) La fragmentación lingüística es una consecuencia de:

  a) La evolución histórica.
  b) La intervención divina.
  c) La voluntad de los monarcas.
  d) La casualidad.

28. (   ) Para clasificar las lenguas se han adoptado dos criterios:

  a) Morfológico y semántico.
  b) Genealógico y fonético.
  c) Genealógico y morfológico.
  d) Fonético y semántico.

29. (   ) Son lenguas monosilábicas:

  a) Las que cambian sus raíces.
  b) Las que no cambian sus raíces, ni se declinan ni se
     conjugan.

     c) El español y el ruso.
     d) Las que yuxtaponen sus palabras.

30. ( ) La clasificación genealógica parte de:

     a) La estructura común de las lenguas.
     b) La semejanza fonética.
     c) La homogeneidad estructural.
     d) El origen común de una lengua madre.

IV) Transcribe con letras griegas las siguientes palabras españolas:

31. Icosaedro _____
32. Geografía _____
33. Blefaritis _____
34. Mitomanía _____
35. Exoftalmia _____

36. Xifoides _____
37. Laringitis _____
38. Zoolatría _____
39. Bronquitis _____
40. Necrofagia _____

V) Relaciona ambas columnas:

41. ( ) Cambios fonéticos.

42. ( ) Verbal y no verbal.
43. ( ) Lengua.

44. ( ) Familia indo-europea.

45. ( ) El ruso es parte de la.

46. ( ) Criterio genealógico.

47. ( ) Cabeza de un puente.
48. ( ) La formación de lenguas.
49. ( ) La comunicación.
50. ( ) Cambios semánticos.

a) Formas fundamentales de la comunicación.
b) Es una metáfora.
c) Se refieren a la modificación del sonido.
d) Se refieren a la modificación del significado.
e) Es la más importante y el español proviene de ella.
f) Materialización que cada grupo humano hace de la potencia comunicativa.
g) Rama eslava.
h) Es un proceso dinámico.
i) Proceso sociohistórico.
j) Agrupa las lenguas según su origen.

VI) Completa las siguientes aseveraciones:

51. El promedio de lenguas habladas en el mundo es de _____ .

52. Las lenguas de flexión pueden ser _____ .

53. El español consta aproximadamente de un _____ % de palabras de origen latino.

54. La capacidad de comunicación dependerá de gran parte de la _____ así como de la _____ .

55. Las lenguas cuyas palabras constan tan sólo de raíces que no cambian, ni se conjugan, ni se declinan, son lenguas _____ .

VII) Escribe dentro del paréntesis la letra que conteste correctamente:

56. (   ) Estudiosa-aplicada.
57. (   ) Delgado-delicado.
58. (   ) Consejo-concejo.
59. (   ) Homónimos.

60. (   ) Impudencia-
          imprudencia.

61. (   ) Sonata-soneto.
62. (   ) Belleza-fealdad.
63. (   ) Estoque-garfio.
64. (   ) Aljibe-laúd.
65. (   ) Leucocito-higrómetro.

a) Son parónimos.
b) Provienen del italiano.
c) Provienen del árabe.
d) Tecnicismos de origen griego.

e) Provienen de los pueblos germánicos.
f) Son homófonas.
g) Son antónimas.
h) Son de origen americano.
i) Son isónimas.
j) Provienen del francés.
k) Se escriben exactamente igual pero tienen significación distinta.
l) Son sinónimos.

VIII) Transcribe con caracteres griegos las siguientes palabras:

66. Bacteria _____

67. Corazón _____

68. Retórico _____

69. Protocolo _____

70. Semántica _____

71. Antropomorfismo _____

72. Anomalía _____

73. Amígdala _____

74. Prototipo _____

75. Estereotipia _____

IX) Selecciona la respuesta correcta:

76. (   ) El alfabeto griego consta de:

   a) 24 letras.
   b) 20 letras.
   c) 29 letras.

77. (   ) Los diptongos propios griegos son:

   a) 9
   b) 8
   c) 11

78. (   ) En griego hay:

   a) Dos acentos.
   b) Un acento.
   c) Tres acentos.

79. (   ) El acento agudo indica:

   a) Elevación.
   b) Disminución.
   c) Elevación y disminución.

80. (   ) Se escriben con "h" palabras españolas que provienen del griego y que originalmente llevaban:

   a) Espíritu áspero.
   b) "F" inicial.
   c) Acento agudo.

X) Relaciona ambas columnas.

81. ( ) Guadalajara.

a) Vuelta en el corte de una puerta o ventana.

82. ( ) Fariseo.

b) Instrumento de cuerdas.

83. ( ) Centinela.

c) Glóbulo blanco.

84. ( ) Carey.

d) Palabra de origen hebreo y es sinónimo de hipócrita.

85. ( ) Chantaje.

e) Gancho.

86. ( ) Líder.

f) Amenaza para obtener dinero.

87. ( ) Laúd.

g) Nombre de un género de tortugas.

88. ( ) Garfio.

89. ( ) Leucocito.

h) Glóbulo rojo.

i) Significa ''río sobre piedras''.

90. ( ) Alféizar.

j) Que conduce a un grupo de gentes.

k) Palabra que significa ''vigilante''.

l) Es una bebida.

XI) Coloca dentro del paréntesis la letra correcta, según la siguiente clasificación.

''S'' sinónimas, ''I'' isónimas, ''H'' homónimas, ''F'' homófonas, ''P'' parónimas y ''A'' antónimas.

91. ( ) Sacar-extraer.
92. ( ) Dócil-revoltoso.
93. ( ) Coloso-gigante.
94. ( ) Legal-leal.
95. ( ) Anochecer-amanecer.
96. ( ) a (prep.)-ah (interj.).
97. ( ) Cómico-gracioso.
98. ( ) Absorber-absolver.
99. ( ) Molestia-deleite.
100. ( ) Tragón-glotón.

XII) Selecciona la respuesta correcta.

101. (   ) Demos.

102. (   ) Etimología.

103. (   ) El latín.

104. (   ) Cambio semántico.

105. (   ) Doctor.

106. (   ) Derivación.

107. (   ) Polidipsia.

108. (   ) Rebelarse.

109. (   ) Consejo.

110. (   ) Cardialgia.

a) Lengua que influyó en un 75% en la formación del español.

b) Sed insaciable.

c) Dolor del corazón.

d) Se hace mediante sufijos añadidos a la raíz.

e) Quitarse el velo.

f) Rama de la Lingüística.

g) Orientación.

h) Significa ''el que enseña''.

i) Ayuntamiento.

j) Se refiere a la modificación de significado.

k) Significa ''pueblo''.

l) Levantarse en contra de alguien.

XIII) Coloca dentro del paréntesis la letra correcta de acuerdo a la clave sugerida. CLAVE: Ar. (árabe), It. (italiano), Ig. (inglés), Fr. (francés), Hb. (hebreo), Al. (alemán), Am. (americano).

111. (   ) Parque.

112. (   ) Sonata.

113. (   ) Patata.

114. (   ) Feudo.

115. (   ) Filisteo.

116. (   ) Minué.

117. (   ) Chayote.

118. (   ) Álgebra.

119. (   ) Bufete.

120. (   ) Chantaje.

121. (   ) Júbilo.

122. (   ) Hosana.

123. (   ) Garfio.

124. (   ) Brújula.

125. (   ) Guadalajara.

126. (   ) Rabino.

127. (   ) Cheque.

128. (   ) Líder.

129. (   ) Tranvía.

130. (   ) Cacique.

Clave de respuestas apéndice ''A''

I) 1. (d), 2. (b), 3. (b), 4. (c), 5. (a), 6. (c), 7. (b), 8. (c), 9. (c), 10. (a).

III) 21. (c), 22. (a), 23. (d), 24. (b), 25. (b), 26. (a), 27. (a), 28. (c), 29. (b), 30. (d).

V) 41. (c), 42. (a), 43. (f), 44. (e), 45. (g), 46. (j), 47. (b), 48. (i), 49. (h), 50. (d)

VI) 51. 3,000, 52. analíticas y sintéticas, 53. 75%, 54. amplitud del código, así como de la comprensión del mismo, 55. monosilábicas.

VII) 56. (l), 57. (i), 58. (f), 59. (k), 60. (a), 61. (b), 62. (g), 63. (e), 64. (c), 65. (d)

IX) 76. (a), 77. (a), 78. (c), 79. (a), 80. (a).

X) 81. (i), 82. (d), 83. (k), 84. (g), 85. (f), 86. (j), 87. (b), 88. (e), 89. (c), 90. (a).

XI) 91. (s), 92. (a), 93. (s), 94. (i), 95. (a), 96. (h), 97. (s), 98. (p), 99. (a), 100. (s).

XII) 101. (k), 102. (f), 103. (a), 104. (j), 105. (h), 106. (d), 107. (b), 108. (l), 109. (g), 110. (c).

XIII) 111. (Fr.), 112. (It.), 113. (Am), 114. (Al.), 115. (Hb.), 116. (Fr.), 117. (Am.), 118. (Ar.), 119. (Fr.), 120. (Fr.), 121. (Hb.), 122. (Hb.), 123. (Al.), 124. (Ar.), 125. (Ar.), 126. (Hb.), 127. (Ig.), 128. (Ig.), 129. (Ig.), 130. (Am.).

APÉNDICE B

I) Selecciona la respuesta correcta:

1. (   ) Examen de las huellas digitales para la identificación de personas:

   a) Dactilografía.
   b) Dactiloscopía.
   c) Dactilomegalia.

2. (   ) Ciencia que determina la figura y magnitud de la Tierra construyendo mapas:

   a) Geotermia.
   b) Geología.
   c) Geodesia.

3. (   ) Zona luminosa e interior en la envoltura gaseosa del sol:

   a) Fotósfera.
   b) Estratosfera.
   c) Heliosfera.

4. (   ) Membrana que envuelve al corazón:

   a) Miocardio.
   b) Endocardio.
   c) Pericardio.

5. (   ) Método para impedir la entrada de gérmenes nocivos en el organismo:

   a) Amnesia.
   b) Anestesia.
   c) Asepsia.

II) Relaciona ambas columnas:

6. ( ) Etnografía.	*a*) Técnica de preparación de medicamentos.
7. ( ) Paradigma.	*b*) Que devora plantas.
8. ( ) Hemiplejía.	*c*) Dificultad para respirar.
9. ( ) Laringitis.	*d*) Que consume tejido muscular.
10. ( ) Disnea.	*e*) Parálisis de la mitad del cuerpo.
11. ( ) Sinónimo.	*f*) Cálculo en la vejiga.
12. ( ) Farmacopea.	*g*) Estudio descriptivo de las razas.
13. ( ) Cistolito.	*h*) Monumento de piedra.
14. ( ) Miófago.	*i*) Recién convertido.
15. ( ) Fitófago.	*j*) Modelo.
	k) Inflamación de la laringe.
	l) De igual significado.

III) Completa las siguientes definiciones:

16. Flebomalacia: Reblandecimiento de las _____

17. Fonema: _____ más simple del lenguaje hablado.

18. Galactófago: que se alimenta de _____

19. Ginecocracia: _____ ejercido por las mujeres.

20. Glosalgia: _____ en la lengua.

21. Mastodinia: _____ en la región mamaria.

22. Nefrectomía: Extirpación del _____

23. Cinorexia: _____ de perro.

24. Sinarquía: _____ compartido.

25. Termólisis: _____ por medio del calor.

IV) Forma un derivado a partir de los siguientes lexemas:

26. Braqui _____   27. Peri _____

28. Micro _____   29. Teo _____

30. Auto _____   31. Necro _____

32. Zoo _____   33. Cosmo _____

34. Paleo _____   35. _____ logía.

36. _____ grafía.   37. _____ malacia.

38. _____ esclerosis.   39. _____ odinia.

40. _____ astenia.

V) Anota en los espacios vacíos la palabra técnica que consideres correcta de acuerdo al contexto.
Palabras técnicas sugeridas: psicómetro, autóctona, exorcismo, neófito, onomástico, cardialgia, megáfono, aborto, apatía, barómetro, hemisferios, leucemia, nefralgia, microscopio, psiquiatra.

41. Juan celebró su _____ departiendo con los amigos y añorando las pasadas aventuras de su juventud.

42. El candidato hizo instalar un _____ para que su mensaje fuera escuchado por todos.

43. Manifestaron una _____ o indiferencia ante los sucesos ocurridos el pasado viernes.

44. Debido a la existencia de substancias tóxicas en el riñón, el paciente experimentó una aguda _____

45. Los _____ de la Tierra están separados por la línea imaginaria del Ecuador.

46. El _____ hizo el juramento de fidelidad a la secta y prometió defender con su sangre el honor de sus compañeros.

47. En la Edad Media era muy común practicar un _____ a las personas que, se creía, estaban poseídas por el demonio.

48. Gracias a Torricelli que inventó el _____ , instrumento que sirve para medir la presión del aire, fue posible prever los cambios atmosféricos.

49. La _____ llamada también cáncer en la sangre se manifiesta por el aumento del número de glóbulos blancos en la sangre.

50. La cultura _____ de México es muy rica en tradiciones.

VI) Define las siguientes palabras desde el punto de vista de su etimología:

51. Decágono _____

52. Heterodoxo _____

53. Mesenterio _____

54. Endocardio _____

55. Eufonía _____

56. Profilaxis _____

57. Cardiorrexia _____

58. Semántica _____

59. Citología _____

60. Arteriopatía _____

VII) Completa las siguientes palabras de acuerdo con su significado.

61. _____ cardio: membrana exterior del corazón.

62. Iso _____ : de dedos iguales.

63. _____ pepsia: dificultad para digerir.

64. _____ edro: figura de siete caras o lados.

65. Caco _____ : mal sonido.

VIII) Completa los siguientes enunciados utilizando una palabra técnica. Palabras técnicas sugeridas: quiromancia, prólogo, barítono, toxicomanía, epílogo, hiperestesia, nefrectomía, esquizofrenia, metempsicosis, metamorfosis, eritrocitos, somático, pediatría, leucocitos, gastronomía.

66. La _____ o arte de adivinar el futuro por medio de la interpretación de las líneas de las manos es practicada por los gitanos.

67. Se le clasifica como un _____ en la selección de voces de un coro, a aquel que posee un tono grave de voz.

68. La _____ es una rama de especialización dentro de la Medicina que está encaminada a resolver los trastornos de tipo infantil.

69. Padecen de _____ aquellos que experimentan una sensibilidad excesiva.

70. La _____ o drogadicción es cada día más frecuente en nuestro medio, dado que las substancias que se ingieren, aunque venenosas, producen sensaciones agradables.

71. La _____ es una de las comúnmente llamadas enfermedades mentales.

72. El _____ , como explicación previa a una obra, constituye una de sus partes más importantes.

73. Algunas enfermedades de tipo _____ , es decir, corporal, acarrean graves trastornos de tipo mental.

74. Los _____ o glóbulos rojos tienen un papel muy importante en el funcionamiento de todo organismo vivo.

75. Algunos animales experimentan _____ parciales en su proceso de desarrollo.

IX) Escribe el significado de los siguientes lexemas y gramemas:

76. Nemo _____   77. Orquido _____

78. Cisto _____   79. Mio _____

80. Hemi _____

X) Selecciona la respuesta correcta:

81. (   ) Desarrollo incompleto del corazón:

      a) Cardielcosis.
      b) Cardiectasia.
      c) Cardiatelia.

82. (   ) Sistema filosófico que atribuye a la divinidad cualidades y forma de hombre:

      a) Antropocentrismo.
      b) Antropomorfismo.
      c) Apoteosis.

83. (   ) Recinto encristalado a través del cual presencian los discípulos las operaciones manuales del cirujano.

      a) Quirófano.
      b) Cuarto séptico.
      c) Anfiteatro.

84. (   ) Substancia grasosa hallada en los cálculos biliares:

      a) Insulina.
      b) Colesterina.
      c) Galacima.

XI) Completa los siguientes enunciados utilizando una palabra técnica de las que a continuación se mencionan: páncreas, policromía, hípica, hipófisis, demografía, cardialgia, biometría, epicentro, cefalalgia, dinámica, éxodo, panteísmo, bibliófilo, artrodinia y lobotomía.

85. El paciente tiene una fuerte _____ (dolor de cabeza).

86. Arturo es muy aficionado a los libros; es por tanto, un _____

      _____

87. La _____ hace un estudio descriptivo de los pueblos.

88. La _____ es una parte de la mecánica que estudia el movimiento de las fuerzas.

89. El _____ del pueblo hebreo fue muy triste (salida).

90. La _____ llamada también glándula maestra endocrina está situada debajo del encéfalo.

91. El _____ del terremoto fue localizado en una isla al sur del Japón.

92. El _____ es una doctrina que afirma que el universo entero es Dios.

93. La _____ efectuada revela que la paciente tiene dos años más de vida.

94. La _____ o diversidad de colores que poseen las mariposas las hace altamente estimables.

XII) Relaciona ambas columnas:

95. (　) Astrolabio.

96. (　) Citobiología.

97. (　) Dislalia.

98. (　) Laringotomía.

99. (　) Orquitis.

100. (　) Jerarquía.

101. (　) Cronómetro.

102. (　) Propedéutica.

103. (　) Eutanasia.

104. (　) Antítesis.

a) Aparato para medir el tiempo.

b) Contraposición.

c) Arte de proporcionar una buena muerte.

d) Dificultad para hablar.

e) Aparato para medir la presión del aire.

f) Enseñanza preliminar anterior al aprendizaje de una ciencia.

g) Abertura por corte de la laringe.

h) Inflamación de los labios.

i) Orden o grados de autoridad.

j) Aparato que sirve para medir la altura de los astros.

k) Voz de tono grave.

l) Estudio de la vida de las células.

m) Inflamación de los testículos.

XIII) Completa las siguientes palabras de acuerdo con su significado.

105. _____ topeya: palabra que imita el sonido de una cosa.

106. _____ génesis: estudio del origen de las montañas.

107. _____ itis: inflamación del oído.

108. _____ fagia: dificultad para ingerir alimentos.

109. Psic _____ : debilidad mental.

110. Poli _____ : sed insaciable.

111. Aero _____ : horror al aire en movimiento.

112. _____ cardia: ritmo lento del corazón.

113. _____ scopio: aparato para observar la vejiga.

114. _____ gino: que odia a las mujeres.

XIV) Relaciona ambas columnas:

115. ( ) Neurastenia.   a) Inflamación del oído.
116. ( ) Odontalgia.   b) Situación saliente del ojo.
117. ( ) Exoftalmia.   c) Ciudad madre o capital.
118. ( ) Nemotecnia.   d) Horror a las alturas.
119. ( ) Aerofobia.   e) Inflamación de la tráquea.
120. ( ) Arcaico.   f) Grado de autoridad.
121. ( ) Otitis.   g) Dolor en los dientes.
122. ( ) Traqueítis.   h) Voz de tono grave.
123. ( ) Orquidalgia.   i) Viejo, antiguo.
124. ( ) Metrópoli.   j) Dolor en los testículos.
                                          k) Arte de memorizar.
                                          l) Debilidad nerviosa.
                                          m) Horror al aire.

XV) Subraya en los siguientes enunciados las palabras técnicas:

125. El método más adecuado para el estudio de la Etimología es el analítico.

126. El diagnóstico reveló que el paciente tiene una aguda gastroenteritis.

127. La carrera hípica la ganó un caballo llamado "Estrellita".

128. Los cosmonautas norteamericanos que viajaron al espacio exterior en el Columbia volvieron a Tierra sanos y salvos.

129. La zoolatría fue una práctica de los pueblos de la Antigüedad.

130. La epistemología y la ontología son disciplinas filosóficas.

Clave de respuestas apéndice "B"

I) 1. (b), 2. (c), 3. (a), 4. (c), 5. (c).

II) 6. (g), 7. (j), 8. (e), 9. (k), 10. (c), 11. (l), 12. (a), 13. (f), 14. (d), 15. (b).

III) 16. venas, 17. sonido, 18. leche, 19. gobierno, 20. dolor, 21. dolor, 22. riñón, 23. apetito, hambre, 24. gobierno, 25. disolución.

IV) 26. Braquiuro, braquicéfalo, etc., 27. Pericardio, pericarpio, perímetro, perihelio, etc., 28. Microcosmos, microbio, microcéfalo, etc., 29. Teocracia, teología, teosofía, teogonía, etc., 30. Autopsia, autobiografía, automóvil, autómata, etc., 31. Necrofagia, necrofobia, necropsia, necrolatría, etc., 32. Zoología, zoolatría, zoológico, etc., 33. Cosmovisión, cosmonauta, cosmonave, etc., 34. Paleografía, paleontología, paleolítico, etc., 35. Antropología, cosmología, biología, etc., 36. Taquigrafía, geografía, dactilografía, etc., 37. Arteriomalacia, flebomalacia, etc., 38. Arterioesclerosis, cardioesclerosis, etc., 39. Artrodinia, 40. Psicastenia, neurastenia, etc.

V) 41. Onomástico, 42. Megáfono, 43. Apatía, 44. Nefralgia, 45. Hemisferios, 46. Neófito, 47. Exorcismo, 48. Barómetro, 49. Leucemia, 50. Autóctona.

VI) 51. Figura de diez ángulos, 52. De distinta opinión, 53. Parte del peritoneo entre el intestino y la pared abdominal, 54. Membrana interna del corazón, 55. Buen sonido, 56. Que preserva de enfermedades, 57. Ruptura en el corazón, 58. Ciencia del significado, 59. Ciencia que estudia las células, 60. Padecimiento de las arterias.

VII) 61. Peri, 62. dáctilo, 63. dis, 64. hepta, 65. fonía.

VIII) 66. Quiromancia, 67. barítono, 68. pediatría, 69. hiperestesia, 70. toxicomanía, 71. esquizofrenia, 72. prólogo, 73. somático, 74. eritrocitos, 75. metamorfosis.

IX) 76. memoria, 77. testículo, 78. vejiga, vesícula, 79. músculo, 80. mitad.

X) 81. (c), 82. (b), 83. (a), 84. (b).

XI) 85. cefalalgia, 86. bibliófilo, 87. demografía, 88. dinámica, 89. éxodo, 90. hipófisis, 91. epicentro, 92. panteismo, 93. biometría, 94. policromía.

XII) 95. (j), 96. (l), 97. (d), 98. (g), 99. (m), 100. (i), 101. (a), 102. (f), 103. (c), 104. (b).

XIII) 105. onoma, 106. oro, 107. ot, 108. dis, 109. astenia, 110. dipsia, 111. fobia, 112. bradi, 113. cisto, 114. miso.

XIV) 115. (l), 116. (g), 117. (b), 118. (k), 119. (m), 120. (l), 121. (a), 122. (e), 123. (j), 124. (c).

XV) 125. Método, etimología, analítico, 126. Diagnóstico, gastroenteritis, 127. Hípica, 128. Cosmonautas, 129. Zoolatría, 130. Epistemología, ontología, filosóficas.

I) Selecciona la respuesta correcta:

1. (   ) Manía por la que el enfermo se cree transformado en animal:

   a) Zoolatría.
   b) Zoología.
   c) Zoantropía.
   d) Zootecnia.

2. (   ) Agrandamiento anormal de manos y pies:

   a) Megalocefalia.
   b) Acromegalia.
   c) Quiromegalia.
   d) Cardiomegalia.

3. (   ) Sinónimo de medicina infantil:

   a) Pedagogía.
   b) Pediatría.
   c) Ortopedia.
   d) Paidología.

4. ( ) Tratamiento que preserva de una enfermedad:

   a) Terapia.
   b) Profilaxis.
   c) Dislalia.
   d) Anafilaxis.

5. ( ) Tendencia a mentir:

   a) Mitomanía.
   b) Nictomanía.
   c) Necrofilia.
   d) Cleptomanía.

II) Relaciona ambas columnas:

   6. ( ) Acuario.   *a*) Astucia.
   7. ( ) Agrimensura.   *b*) Jefe de una tropa o escua-
                                       drón.
   8. ( ) Artificio.   *c*) Locura.
   9. ( ) Bélico.   *d*) Acción de prender fuego.
   10. ( ) Capitán.   *e*) Que vaga de noche.
   11. ( ) Equino.   *f*) Que labra objetos de oro.
   12. ( ) Homicida.   *g*) Sinónimo de asesino.
   13. ( ) Lápida.   *h*) Arte de medir los campos.
   14. ( ) Ignición.   *i*) Frívolo.
   15. ( ) Orfebre.   *j*) Muy poblado.
                                   k) Relativo a la guerra.
                                   l) Piedra sepulcral.
                                   m) Relativo a los caballos.
                                   n) Signo del zodíaco.

III) Escribe dentro de los paréntesis las letras de los incisos que corres-
     pondan de acuerdo con su significado.

   16. 17. ( ) ( ) Significan: tratado de las enfermedades.
   18. 19. ( ) ( ) Significan: elaborar.
   20. 21. ( ) ( ) Significan: encarar.
   22. 23. ( ) ( ) Significan: creer.
   24. 25. ( ) ( ) Significan: suceder.

a) Oponer; *b*) Suponer; *c*) Contar; *d*) Acaecer; *e*) Nosología; *f*) Imaginar; *g*) Acontecer; *h*) Producir; *i*) Enfrentar; *j*) Fabricar; *k*) Patología.

IV) Relaciona la columna de la derecha con la de la izquierda, colocando dentro de cada paréntesis la letra del inciso que conteste correctamente.

26. ( ) Alias.	*a*) Culto a sí mismo.
27. ( ) Currículum.	*b*) Sátira violenta.
28. ( ) Sine qua non	*c*) Dios del sueño.
29. ( ) Atlas.	*d*) Viaje lleno de aventuras.
30. ( ) Centauro.	*e*) Relativo al dios del vino.
31. ( ) Complejo de Electra.	*f*) Sinónimo de valiente.
32. ( ) Dionisiaca.	*g*) Carrera.
33. ( ) Morfeo.	*h*) Maratón.
34. ( ) Narcisismo.	*i*) Se da en las niñas.
35. ( ) Odisea.	*j*) Conjunto de mapas.
	k) Culto a los muertos.
	l) Por otro nombre.
	m) Discurso de Cicerón.
	n) Sin la cual no.

V) Selecciona la respuesta correcta:

36. (   ) ''Albricias'' es una palabra que proviene del:

       a) Árabe.
       b) Hebreo.
       c) Francés.
       d) Inglés.

37. (   ) El español forma parte de una rama lingüística que se denomina:

       a) Griega.
       b) Italocéltica.
       c) Germana.
       d) Balto-eslava.

38. (   ) Las palabras que tienen significación contraria se denominan:

     a) Parónimas.
     b) Sinónimas.
     c) Isónimas.
     d) Antónimas.

39. (   ) Los cambios fonéticos se refieren al:

     a) Sonido.
     b) Significado.
     c) Contenido.
     d) Estructura.

40. (   ) La Etimología es:

     a) Una ciencia.
     b) Una técnica.
     c) Una filosofía.
     d) Conjunto de idiomas.

VI) Selecciona la respuesta correcta:

41. (   ) Reblandecimiento de las venas:

     a) Flebitis.
     b) Flebotomía.
     c) Flebomalacia.
     d) Arteriomalacia.

42. (   ) Que manifiesta aversión a las mujeres:

     a) Misógino.
     b) Misántropo.
     c) Andrógino.
     d) Exócrino.

43. (   ) Estudio de las razas:

     a) Numismática.
     b) Nosología.

c) Etnología.
d) Etnografía.

44. (   ) Gobierno ejercido por ancianos:

a) Teocracia.
b) Anarquía.
c) Oligarquía.
d) Gerontocracia.

45. (   ) Centro superficial del área afectada por un fenómeno sísmico:

a) Terremoto.
b) Telurismo.
c) Epicentro.
d) Maremoto.

VII) Relaciona ambas columnas:

46. (   ) Vacante.
47. (   ) Locución.
48. (   ) Locutorio.
49. (   ) Omnívoro.
50. (   ) Centenario.
51. (   ) Simulacro.

52. (   ) Introducir.
53. (   ) Adscribir.
54. (   ) Reportar.
55. (   ) Introspectivo.

a) Lugar para hablar.
b) Representación ficticia.
c) Llevar adentro.
d) Afiliar.
e) Que mira hacia dentro.
f) Que devora toda clase de alimentos.
g) Vacío.
h) Que mira hacia atrás.
i) Inducir.
j) Fiesta de cada 100 años.
k) Modo de hablar.
l) Aficionado al vino.
m) Informar.
n) Que devora plantas.

VIII) Escribe dentro de los paréntesis las letras de los incisos que correspondan de acuerdo con su significado.

56.   57. (   ) (   ) Significan: limitar.
58.   59. (   ) (   ) Significan: guiar.

60.   61. (   ) (   ) Significan: permitir.
62.   63. (   ) (   ) Significan: comisión.
64.   65. (   ) (   ) Significan: apuntar.
                   a) Circunscribir; b) Cometido; c) Anotar; d) Autorizar; e)
                   Junta; f) Inducir; g) Acceder; h) Inscribir; i) Restringir; j)
                   Dirigir; k) Traer.

IX) Relaciona la columna de la derecha con la de la izquierda, colocando
    dentro de cada paréntesis la letra del inciso que conteste correc-
    tamente.

66. (   ) Ad líteram.   a) Diosa de la sabiduría.
67. (   ) De facto.   b) Enamorado de algo infe-
                                             rior a él.
68. (   ) Verba volant, scripta
          manent.   c) Apetito sexual.
69. (   ) Amazona.   d) Persona desvergonzada.
70. (   ) Ave fénix.   e) De hecho.
71. (   ) Cronos.   f) Dios del tiempo.
72. (   ) Atenea.   g) Mujer hombruna.
73. (   ) Pigmalión.   h) Idea irrealizable.
74. (   ) Talón de Aquiles.   i) Punto débil.
75. (   ) Sátiro.   j) A la letra.
                                         k) Las palabras vuelan, lo es-
                                             crito permanece.
                                         l) Sinónimo de fuerte.
                                         m) Sin experiencia.
                                         n) Surge con nuevos bríos y
                                             es como el. . .

X) Selecciona la respuesta correcta:

76. (   ) "Aleluya" es una palabra de origen:

          a) Italiano.
          b) Árabe.
          c) Hebreo.
          d) Inglés.

77. (   ) Las familias lingüísticas más importantes son:

    a) 3.
    b) 8.
    c) 4.
    d) 7.

78. (   ) A las palabras que se escriben igual, se les llama:

    a) Parónimas.
    b) Antónimas.
    c) Homónimas.
    d) Sinónimas.

79. (   ) Los cambios semánticos se refieren al:

    a) Sonido.
    b) Significado.
    c) Fondo.
    d) Forma.

80. (   ) Es una lengua romance:

    a) El francés.
    b) El hebreo.
    c) El alemán.
    d) El ruso.

XI) Selecciona la respuesta correcta:

81. (   ) Que devora plantas:

    a) Galactófago.
    b) Fitófago.
    c) Antropófago.
    d) Necrófago.

82. (   ) Pigmento verde de los vegetales:

    a) Cloro.
    b) Clorhídrico.

c) Clorofila.
d) Cloroplasto.

83. (   ) Tratado de las enfermedades:

    a) Patogenia.
    b) Patología.
    c) Otología.
    d) Somatología.

84. (   ) Aparato para medir la presión atmosférica:

    a) Termómetro.
    b) Barómetro.
    c) Higrómetro.
    d) Pelvímetro.

85. (   ) Contradicción entre dos leyes o principios racionales:

    a) Antipatía.
    b) Antítesis.
    c) Antónimo.
    d) Antinomia.

XII) Relaciona ambas columnas:

86. ( ) Aberración.	*a*) Desconocido.
87. ( ) Absceso.	*b*) Exceso.
88. ( ) Absoluto.	*c*) Abultado.
89. ( ) Complejo.	*d*) Acumulación de pus.
90. ( ) Excoriación.	*e*) Estar al sol.
91. ( ) Ignoto.	*f*) Que madura antes.
92. ( ) Egregio.	*g*) Olor exquisito.
93. ( ) Quintaesencia.	*h*) Desviación.
94. ( ) Precoz.	*i*) Acostumbrar.
95. ( ) Soler.	*j*) Ilustre.
	k) Lesión de la piel.
	l) Contrario de relativo.
	m) Complicado.
	n) Un título.

XIII) Escribe dentro de los paréntesis las letras de los incisos que correspondan de acuerdo con su significado.

96. 97. ( ) ( ) Significan: dirigir.
98. 99. ( ) ( ) Significan: aludir.
100. 101. ( ) ( ) Significan: componer.
102. 103. ( ) ( ) Significan: intervenir.
104. 105. ( ) ( ) Significan: reducir.

a) Guiar; *b*) Imponer; *c*) Interferir; *d*) Rebajar; *e*) Contar; *f*) Arreglar; *g*) Referir; *h*) Cortar; *i*) Restaurar; *j*) Interponer; *k*) Conducir.

XIV) Relaciona la columna de la derecha con la de la izquierda, colocando dentro de cada paréntesis la letra del inciso que conteste correctamente.

106. ( ) Ad hoc.
107. ( ) A priori.
108. ( ) De jure.
109. ( ) Adonis.
110. ( ) Caballo de Troya.
111. ( ) Cupido.
112. ( ) Ninfomanía.
113. ( ) Quimera.
114. ( ) Titán.
115. ( ) Vulcano.

a) Joven de maravillosa belleza.
b) Modo de vivir.
c) Dios del amor.
d) Para esto.
e) Apetito sexual en la mujer.
f) De derecho.
g) Idea irrealizable.
h) Sinónimo de engaño.
i) Según el valor.
j) A propósito.
k) Sinónimo de fuerte.
l) Dios del fuego.
m) Dios del amor.
n) Sin experiencia.

XV) Selecciona la respuesta correcta:

116. ( ) "Parque" es un vocablo que proviene del:

a) Francés.
b) Italiano.
c) Inglés.
d) Griego.

117. (   ) La comunicación es:

     a) Un proceso.
     b) Una actitud.
     c) Una intuición.
     d) Un pensamiento.

118. (   ) Las palabras que tienen escritura muy parecida se denominan:

     a) Isónimas.
     b) Sinónimas.
     c) Homófonas.
     d) Parónimas.

119. (   ) El alfabeto griego consta de:

     a) 29 letras.
     b) 24 letras.
     c) 25 letras.
     d) 28 letras.

120. (   ) El punto alto (·) equivale en español a:

     a) Dos puntos.
     b) Signo de interrogación.
     c) Coma.
     d) Acento ortográfico.

XVI) Escribe dentro del paréntesis "V" o "F", si el enunciado es verdadero o falso, respectivamente.

121. (   ) El criterio morfológico agrupa las lenguas en cuanto a su origen.
122. (   ) El español es una lengua de flexión sintética.
123. (   ) El español consta de un 75% de palabras de origen griego.
124. (   ) La Etimología es un fundamento lexicológico de las ciencias y las humanidades.
125. (   ) Los cambios semánticos se refieren a las variaciones fonéticas que experimentan las palabras.

XVII) Relaciona la columna de la derecha con la de la izquierda, colocando dentro de cada paréntesis la letra del inciso que conteste correctamente.

126. ( ) Agronomía
127. ( ) Artrodinia.
128. ( ) Cardiorrexia.

129. ( ) Epidermis.

130. ( ) Histeralgia.
131. ( ) Hemeroteca.

132. ( ) Necrolatría.
133. ( ) Nemotecnia.

134. ( ) Zoolatría.

135. ( ) Potamografía.
136. ( ) Holocausto.

137. ( ) Neófito.
138. ( ) Termodinámica.
139. ( ) Epicentro.

140. ( ) Silogismo.

a) Dolor en la matriz.
b) Forma de razonamiento.
c) Conocimiento de los principios de alta cocina.
d) Dolor de las articulaciones.
e) Capa superficial de la piel.
f) Culto o adoración a los cadáveres.
g) Dolor de estómago.
h) Sacrificio total de una víctima.
i) Estudio de la fuerza producida por el calor.
j) Culto a los animales.
k) Ciencia que estudia las leyes del campo.
l) Ruptura en el corazón.
m) Arte de memorizar.
n) Recién convertido a una religión, secta o partido.
ñ) Centro del área afectada por un fenómeno sísmico.
o) Descripción de los ríos.
p) Lugar casi exclusivo para diarios y revistas.

XVIII) Completa los siguientes enunciados.

141. Los digramas ''ae'', ''oe'' latinos se pronuncian como _____

142. La ''ch'' se pronuncia como _____

143. El digrama ''gn'' se pronuncia como _____

144. La ''ph'' se pronuncia como _____

145. La ''u'' después de ''g'' o ''q'' _____ se pronuncia (sí/no).

XIX) Relaciona ambas columnas:

146. (   ) Aqua.   a) Oro.
147. (   ) Bellum.   b) Hablar.
148. (   ) Caput.   c) Sueño.
149. (   ) Homo.   d) Cabeza.
150. (   ) Ignis.   e) Pueblo.
151. (   ) Aurum.   f) Niño.
152. (   ) Puer.   g) Diente.
153. (   ) Os.   h) Guerra.
154. (   ) Somnum.   i) Ojo.
155. (   ) Loqui.   j) Nariz.
                                          k) Fuego.
                                          l) Hombre.
                                          m) Hueso.
                                          n) Agua.
                                          ñ) Plata.

XX) **Escribe** el significado de las siguientes locuciones:

156. (   ) Casus belli _____

157. (   ) Ex abrupto _____

158. (   ) Ad líbitum _____

159. (   ) Opus _____

160. (   ) In situ _____

161. (   ) Mare magnum _____

162. (   ) Modus vivendi _____

163. (   ) Velis, nolis _____

164. (   ) Ipso facto _____

165. (   ) Nota bene _____

XXI) Relaciona ambas columnas:

166. (   ) Afrodita.   a) Dios del sueño.
167. (   ) Catilinaria.   b) Dios de la lluvia.
168. (   ) Bacanal.   c) Nombre de los discursos de
                                              Cicerón.

169. (   ) Enfermedad venérea.
170. (   ) Morfeo.
171. (   ) Atenea.

172. (   ) Quimera.

173. (   ) Titán.

174. (   ) Vulcano.
175. (   ) Talón de Aquiles.

d) Idea irrealizable.
e) Sinónimo de fuerte.
f) Orgía tumultuosa que degenera en la desvergüenza.
g) Punto débil de una persona.
h) Diosa de la sabiduría llamada también Minerva.
i) Diosa del amor.
j) Ave mitológica.
k) Alteración psicológica.
l) Toma su nombre de Venus.
m) Discurso de Filipo II.
n) Dios del fuego.
ñ) Hijo de Yapeto.

XXII) Escribe en el espacio vacío la palabra correcta, de acuerdo con la idea que se sugiere. (Utiliza palabras sinónimas cuando sea necesario.)

181. El puesto está _____ (vacío).

182. El paciente tiene una _____ (herida).

183. _____ en su contra (sirvió de testigo).

184. Piensa y actúa de una manera muy _____ _____ (infantil)

185. Se convirtió en un _____ al golpear a su padre y quitarle la vida.

186. Su acto puede considerarse _____ ya que está dentro de las normas que dicta la ley.

187. Los _____ son castigados con toda la fuerza de la ley (los que matan hombres).

188. La marcha _____ se detuvo para bajar el cadáver (mortuoria).

189. México _____ miles de barriles de petróleo al extranjero (envía fuera).

190. El Director _____ a nuestras peticiones ya que eran justas (permitió, autorizó).

Clave de respuestas del apéndice "C"

I) 1. (c), 2. (b), 3. (b), 4. (b), 5. (a).

II) 6. (n), 7. (h), 8. (a), 9. (k), 10. (b), 11. (m), 12. (g), 13. (l), 14. (d), 15. (f).

III) 16-17. (e), (k), 18-19. (h), (j), 20-21. (a), (i), 22-23. (b), (f), 24-25. (d), (g).

IV) 26. (l), 27. (g), 28. (n), 29. (j), 30. (f), 31. (i), 32. (e), 33. (c), 34. (a), 35. (d).

V) 36. (a), 37. (b), 38. (d), 39. (a), 40. (a).

VI) 41. (c), 42. (a), 43. (c), 44. (d), 45. (c).

VII) 46. (g), 47. (k), 48. (a), 49. (f), 50. (j), 51. (b), 52. (c), 53. (d), 54. (m), 55. (e).

VIII) 56-57. (a), (i), 58-59. (f), (j), 60-61. (d), (g), 62-63. (b), (e), 64-65. (c), (h).

IX) 66. (j), 67. (e), 68. (k), 69. (g), 70. (n), 71. (f), 72. (a), 73. (b), 74. (i), 75. (d).

X) 76. (c), 77. (a), 78. (c), 79. (b), 80. (a).

XI) 81. (b), 82. (c), 83. (b), 84. (b), 85. (d).

XII) 86. (h), 87. (d), 88. (l), 89. (m), 90. (k), 91. (a), 92. (j), 93. (g), 94. (f), 95. (i).

XIII) 96-97. (a), (k), 98-99; (e), (g), 100-101, (f), (i), 102-103. (c), (j), 104-105. (d), (h).

XIV) 106. (j), 107. (n), 108. (f), 109. (a), 110. (h), 111. (c), 112. (e), 113. (g), 114. (k), 115. (l).

XV) 116. (a), 117. (a), 118. (d), 119. (b), 120. (a).

XVI) 121. (f), 122. (f), 123. (f), 124. (v), 125. (f).

XVII) 126. (k), 127. (d), 128. (l), 129. (e), 130. (a), 131. (p), 132. (f), 133. (m), 134. (j), 135. (o), 136. (h), 137. (n), 138. (i), 139. (ñ), 140. (b).

XVIII) 141. (e), 142. (k), 143. (ñ), 144. (f), 145. (si).

XIX) 146. (n), 147. (h), 148. (d), 149. (l), 150. (k), 151. (a), 152. (f), 153. (m), 154. (c), 155. (b).

XX) 156. Caso de guerra, 157. Inesperadamente (bruscamente), 158. A voluntad (a discreción), 159. Obra, 160. En el sitio (en el lugar), 161. Gran mar (confusión, tumulto), 162. Modo de vivir, 163. Quieras, o no quieras, 164. En el mismo hecho, 165. Fíjate bien.

XXI) 166. (i), 167. (c), 168. (f), 169. (l), 170. (a), 171. (h), 172. (d), 173. (e), 174. (n), 175. (g).

XXII) 181. Vacante, 182. Lesión, 183. Testificó, atestiguó, 184. Pueril, 185. Parricida, homicida, 186. Legal, legítimo, 187. Homicidas, 188. Fúnebre, 189. Exporta, 190. Accedió.

Nombres propios más comunes

El presente apéndice es un compendio de algunos nombres propios, que familiarmente escuchamos o conocemos.

El escritor Gutierre Tibón ha elaborado un estupendo diccionario de nombres propios con más de dos mil ochocientos nombres.

Los nombres de personas compendian la historia de la civilización. El conocimiento del valor significativo de nuestros nombres pertenece a la cultura general. En un principio, el hecho de llevar un nombre determinado obedecía a una circunstancia o hecho bajo el cual había nacido quien lo llevaba; en nuestros días, el tener un nombre parece que es tan sólo para distinguirnos, ya que raras veces su significado obedece a su sentido etimológico.

La herencia, perpetuar el buen nombre, la fonética y la rima son ahora las normas para llevar un nombre propio.

He aquí los nombres más conocidos en nuestro medio:

- *Abel*: Tal vez del asirio, **habel, habal, "hijo"**.
- *Abraham*: Hebreo, de **Ab,** "padre" y **ram,** "excelso". **"El padre es excelso".**
- *Ada*: Hebreo, **Adah,** "ornamento", **"belleza"**.
- *Adalberto*: Germánico, de **adal**, "estirpe noble" y **badu**, "combate": **"el combate de la nobleza".**
- *Adán*: Hebreo, **Adam,** "de tierra".
- *Adolfo*: Germánico, de adal, **"estirpe noble"** y **wulf,** "lobo", **"lobo de estirpe noble".**
- *Adrian*: Latín, **Atrium,** "atrio" Patria del emperador Adriano.
- *Agapito*: Griego, αγαπάω, amar. **El amado.**

- *Agustín*: Latín, **augustinus** de **augustus**, sagrado, **divino.**
- *Alberto*: ver Adalberto
- *Alicia*: Germánico, **"De estirpe noble".**
- *Alejandro, a*: Griego, de ἀλέξω "proteger" y ἀνήρ "hombre": **"protector de hombres".**
- *Alfonso*: Germánico, de **adal:** "estirpe noble", y **funs, "listo o preparado":** "el hombre noble (siempre) preparado (para la guerra)".
- *Alfredo*: Germánico, **Adal,** "estirpe noble" y **fred,** "protección". **Aquel a quien su nobleza sirve de protección.**
- *Álvaro*: Germánico, de **all,** "todo", y **wers,** "prudente": **"todo prudente".**
- *Amelia* : Germánico, **amal,** "trabajo". **Protectora del trabajo.**
- *Ambrosio*: Griego, **"De naturaleza divina".**
- *Américo (a)*: Celta, **"El que manda en su casa".**
- *Ana*: Hebreo, **hannah: "la benéfica".**
- *Anabel*: Escocés, **"amable".**
- *Anacleto*: Griego, ἀνά, : arriba y κλῆτος llamado, **"El resucitado".**
- *Andrés*: Griego, ἀνδρεῖος: **"varonil, masculino".**
- *Angel*: Griego, ἄγγελος: **"mensajero".**
- *Antonio, a*: Griego, ἄνθος, "flor": **"el floreciente".**
- *Araceli*: Latín, **ara,** "altar" y **coelli,** "del cielo": **"altar del cielo".**
- *Ariel*: Hebreo, **"León de Dios".**
- *Armando*: Germánico, **"El héroe del ejército".**
- *Arnulfo*: Germánico, **"águila-lobo".**
- *Arturo*: Céltico (a través del griego), **"oso noble".**
- *Asunción*: Latín, **Assumptio,** "elevación".
- *Augusto*: Latín, **Augustus,** venerable, **sagrado.**
- *Aurelio*: Latín y Griego **Aurum,** oro y ἥλιος, sol. **"Sol dorado".**
- *Azucena*: Arabe, Açuçena, **"pura".**
- *Bárbara*: Griego, **extranjera.**
- *Basilio*: Griego, βασίλειος, **"regio, real".**
- *Belisario*: Griego, βέλος, flecha, **"flechador".**
- *Benjamín*: Hebreo, **ben,** "hijo", y **jamin** "derecha", **"hijo de la mano derecha",** es decir, **"hijo predilecto".**
- *Bertha*: Germánico, de **berht: "brillo, resplandor".**
- *Brenda*: Anglosajón, **Brand, "espada".**
- *Carlos*: Italiano, **Carolus, "amante, esposo".**
- *Carmen*: Hebreo, **"Viña de Dios".**
- *Catalina*: Griego, **pura.**
- *Cecilio*: Latín, **Caeculus, "cieguito".**

- *Celia*: Etrusco, **Celi, "Septiembre".**
- *César*: Latín, **caesar: "melenudo".**
- *Cirilo*: Griego, Κύριος, flecha, **"señor".**
- *Citlalli*: Azteca, **"estrella".**
- *Claudio, a*: Latín, **claudus: "cojo".**
- *Clemente*: Latín, **Clemens, "dulce, benigno".**
- *Cristina*: Griego, χρίστος, **"Cristo".**
- *Cuauhtémoc*: Náhuatl, **Cuauh (tlil) Témoc, "águila que baja".**
- *Damián*: Griego, Δαμιανός, **"el que doma".**
- *Daniel*: Hebreo, **Dan-i-el, "mi juez es Dios".**
- *Darío*: Griego, Δαπέιος, **represor.**
- *David*: Hebreo, **"amado".**
- *Débora*: Hebreo, **Devorah, "abeja".**
- *Deyanira*: Griego, δηιόω, destruir y ανηρ, varón, **"destructora de hombres".**
- *Diego*: Griego, **"instruido".**
- *Dora*: Griego, δῶρον, **"don, regalo".**
- *Edgar*: Anglosajón, **Ead,** riqueza y **gar,** lanza, " **"Lanza (protectora) de la riqueza".**
- *Eduardo*: Anglosajón, de **ead,** "riqueza" y **ward,** "guardián"; "el guardián de la propiedad".
- *Elena*: Del griego, ἐλένη, "antorcha": **"la brillante, la resplandeciente".**
- *Elías*: Hebreo, **Eliah, "Mi Dios es Yahvé"**
- *Elizabeth*: Del hebreo, **elisaheba, "juramento de Dios".**
- *Elsa*: Cfr. Elizabeth.
- *Elvira*: Germánico, **"Lanza amable".**
- *Ema*: Véase a Irma.
- *Enrique*: Germánico, de **haim,** "casa" y **rik,** "poderoso": **"el jefe del hogar".**
- *Ernesto*: Germánico: **Ernust, "lucha".**
- *Esteban*: Latín, **Stéphanus, "coronado".**
- *Ester*: Asirio, **Ishtar, "estrella".**
- *Estela*: Latín, **stella, "estrella".**
- *Eusebio*: Griego, Ευσέβιος ,**"piadoso".**
- *Eva*: Hebreo, **havva** (javá), **"que da vida".**
- *Evaristo*: Griego, Ευάρεστος **"agradable".**
- *Ezequiel*: Hebreo, **hezeq,** fortaleza y **El,** Dios **"Dios es mi fortaleza".**
- *Fany*: Forma regional inglesa de la palabra Francisca (véase).
- *Fausto*: Latín, **faustus, "feliz".**

- *Felipe*: Griego, de φίλος, "amigo", y ιππος, "caballo": **aficionado a los caballos".**
- *Fernando*: Germánico, **"atrevido en la paz".**
- *Fidel*: Latín, **fidelis, "fiel".**
- *Francisco, a*: Antiguo italiano, **Francesco, "francés".**
- *Gabriel*: Hebreo, **gabri,** hombre y **El,** Dios **"Mi hombre (protector) es Dios".**
- *Gaspar*: Persa, **Kansbar, "Administrador del tesoro".**
- *Genaro*: Véase, Jenaro.
- *Genoveva*: Galés, **"ola blanca".**
- *Gerardo*: Griego, **"fuerte con la lanza".**
- *Germán*: Germánico **"El hombre de la lanza".**
- *Gisela*: Germánico, **"Lanza".**
- *Gloria*: Latín, **gloria "fama".**
- *Gonzalo*: Germánico, **"El genio del combate".**
- *Gregorio*: Griego, **"vigilante".**
- *Guadalupe*: Arabe, **Vad-al-hub,** "río de luz, río de amor".
- *Guillermo*: Germánico, **Wilhelm,** de vilja, "voluntad", y **helm** "protección": **"aquel a quien su voluntad sirve de protección".**
- *Héctor*: Griego, **"el que posee firmemente".**
- *Heladio*: Griego, Ἑλλάς, Grecia, **"El que nació en Grecia".**
- *Hernán*: Véase Fernando.
- *Heriberto*: Germánico, de **heri,** "ejército", y **berht,** "brillo"; **"el brillo del ejército".**
- *Hilario*: Latín, **hilarius, "alegre, jovial".**
- *Hilda*: Germánico, de **hild, "combate".**
- *Humberto*: Germano: **"distinguido como un gigante".**
- *Ignacio*: Latín, **ignis,** fuego. **"Nacido del fuego".**
- *Imelda*: Germánico, **"La que lucha con energía".**
- *Inés*: Griego, ἀγνή, **"casta, pura".**
- *Irene*: Griego, ειρηνη: **"paz".**
- *Iris*: Griego, Ἴρις, **"mensajera de dioses".**
- *Irma*: Germánico, **irmin, "fuerza".**
- *Isaac*: Hebreo **yishaq,** risa. **"El que ríe".**
- *Isabel*: Cfr. Elizabeth.
- *Ismael*: Hebreo, **"Dios escucha".**
- *Iván*: Forma rusa de Juan (véase).
- *Ivone*: Forma francesa de Juana (véase)
- *Jaime*: (Jacobo o Santiago): Hebreo, **"el que suplanta o engaña".**
- *Javier*: Vasco, de **etche,** "casa", y **berri** "nueva": **"casa nueva".**

- *Jenaro*: Latín: **Ianuarius, Enero.**
- *Jesús*: Hebreo, **Yeho-shuah**, "**Yahvé salva**".
- *Joaquín*: Hebreo, "**Yahvé dispondrá**".
- *Joel*: Hebreo, "**Yahvé es Dios**".
- *Jorge*: Griego, γεώργιος, de γῆ, "tierra", y ἔρηον "trabajo": "**relativo al trabajo de la tierra**".
- *José*: Hebreo, **Yosef** "**El (Dios) acrecentará**". Igual significado tiene Josefa y Josefina.
- *Juan, a*: Hebreo, **Yehohanan**, "**Yahvé es misericordioso**".
- *Judit*: Hebreo, **Iehudith**, "**alabanza a Dios**".
- *Julián*: Latín, **Iulius**, Julio (véase).
- *Julio*: Sánscrito, **Dios.**
- *Lauro, a*: Latín, **laurus**, "**laurel**".
- *Lázaro*: Hebreo, "**Dios es mi socorro**"
- *Leonardo*: Latín y Germánico, "**fuerte y audaz como el León**".
- *Leonor*: Arabe, "**Dios es mi luz**".
- *Leticia*: Latín, **Laetitia**, "**alegría**".
- *Lilia*: Del latín **Lílium**, "lirio", **símbolo de pureza.**
- *Luis*: Germánico, **hlout**, gloria y **wig**, guerra, "**guerrero glorioso**".
- *Macario*: Griego, Μακάριος, **bienaventurado.**
- *Magdalena*: Hebreo, **procedente de Magdala**, región de Galilea.
- *Manuel, a*: Hebreo, **Immanuel**, "**con nosotros (está) Dios**".
- *Marcelino*: Marcelo, Marcos: Latín, **Mars**, Marte, "**El que pertenece a Marte**".
- *Margarita*: Latín, **margarita**, "**perla**".
- *María*: Griego, "**Estrella de mar**"
- *Marisa*: Contracción de María y Luisa (véase).
- *Marta*: Arameo: **mar**, "señor", "**señora**".
- *Martín*: Latín, **Mars**, Marte. "**hombre marcial o guerrero**".
- *Mateo, Matías*: Hebreo, **Mattithyah**, "**Don de Yahvé**".
- *Mauricio, Mauro*: Latín, **Maurus**, "**oscuro, moreno**".
- *Melquíades*: Griego, μίλτος, rojo, "**El que tiene el pelo rojo**".
- *Mercedes*: Latín, **Merces**, mercancía. "**Recompensa**".
- *Micaela*: Véase Miguel.
- *Miguel*: Hebreo: **mi-ka-El**, "**quién como Dios**".
- *Minerva*: Diosa romana de la Sabiduría.
- *Mireya*: Provenzal, **Miréio**, "**maravilla**".
- *Miriam*: Vease María.
- *Moctezuma*: Náhuatl, **motu, tecuh (tli)**, "señor, principe" y **zoma (lli)**, ceñudo: "**Tu señor frunce el ceño**", "**Tu señor está enojado**".

- *Moisés*: Hebreo, **Moshe, "sacado del agua"**.
- *Monserrat*: Latín, **mons**, monte, **serratus**, en sierra. **"monte en forma de sierra"**.
- *Nadia*: Ruso, **Nadezhna, "Esperanza"**.
- *Napoleón*: Griego, νάπη, bosque y λέων , león. **"León del valle boscoso"**.
- *Nereida*: Griego, **"Ninfa del mar"**.
- *Nicolás*: Griego, νίκη, victoria y λαός, pueblo, **"vencedor del pueblo"**.
- *Noemí*: Hebreo, **noam**, "dulzura, delicia", **"mi delicia"**, **"mi dulzura"**.
- *Norma*: Anglosajón: **Northman "hombre del norte"**.
- *Octavio*: Latín, **octavus**, octavo.
- *Ofelia*: Griego, ὠφέλεια, **"ayuda, socorro"**.
- *Olga*: Ruso, **"invulnerable"**.
- *Omar*: Árabe, **"el constructor"**.
- *Onofre*: Egipcio, **"el que abre lo bueno"**.
- *Oralia*: Latín, **"soplo de oro"**.
- *Orquídea*: Griego, **"con aspecto de testículo"**.
- *Oscar*: Germánico, **os** "un dios", y **gar** "lanza", **"lanza de los dioses"**.
- *Osvaldo*: Germánico, **os,** dioses y **vald**, gobierno, mando. **"aquel a quien gobiernan los dioses"**.
- *Pablo*: Latín, **Paulus, "pequeño"**.
- *Pamela*: Griego, παν, todo y μέλι, miel, **"todo miel"**
- *Pánfilo*: Griego, παν, todo y φίλος, amigo, **"amigo de todos"**.
- *Pascual*: Hebreo, **pesas**, pasaje. **"Paso"**.
- *Paulo (a), Paulino*: Véase Pablo.
- *Pedro, Petra*: Latín, **petra, "piedra"**.
- *Perla*: Véase Pedro.
- *Plutarco*: Griego, πλοῦτος, riqueza y αρχή poder, gobierno. **"El que gobierna por su riqueza"**.
- *Porfirio*: Griego, πορφύριος, purpúreo. **"vestido de púrpura"**.
- *Rafael*: Hebreo, **"Dios, sana"**.
- *Raimundo*: Germánico, **Ragin**, consejo y **mund**, mano. Metafóricamente **"La protección del consejo divino"**.
- *Ramiro*: Germánico, **rana**, cuña y **mers**, famoso. Metafóricamente **"Guerrero famoso"**.
- *Raquel*: Hebreo, **rajel**, "cordero", **"oveja"**.
- *Ramón, Raimundo*: Hebreo, **"La protección del consejo divino"**.
- *Raúl*: Germánico **Rat**, consejo y **wulf**, lobo. **"El consejo del lobo"**.
- *Rebeca*: Hebreo, **rivka**, lazo. **"Que ata"**.
- *Refugio*: Latín, **re**, atrás y **fugio**, huir. **"Retirarse"**.

- *Regina*: (o): Latín, **regina, reina.**
- *René*: Latín, **renatus, "vuelto a nacer".**
- *Ricardo*: Germánico, **rik,** jefe y **hard,** fuerte, audaz, **"jefe audaz".**
- *Rita*: Diminutivo de Margarita. (véase.)
- *Roberto*: Germano, **"lobo de fama".**
- *Rodolfo*: Germánico, **hruot,** fama y **rik,** jefe, **"jefe ilustre".**
- *Rogelio*: Germánico, **hruot,** fama y **gar,** lanza, **"Lanza de la fama".**
- *Rolando*: Germánico, **hruot,** fama y **land,** tierra. **"País de fama".**
- *Rosa, Rosalía, Rosario, Rosana, Rosaura*: Rosa.
- *Rubén*: Hebreo **raah,** ver y **ben,** hijo, **"¡mira un hijo!"**
- *Ruperto*: Véase Roberto.
- *Ruth*: Hebreo, **rut, "belleza".**
- *Salomón*: Hebreo, **Shalom,** paz. **"Pacífico".**
- *Samuel*: Hebreo, **"Escuchado por Dios".**
- *Sandra (o)*: Véase Alejandro.
- *Santiago*: Véase Jaime.
- *Sara*: Hebreo, **Sarah, "la dominadora".**
- *Saúl*: Hebreo, **Shaul, "Elegido".**
- *Sebastián*: Griego, σεβαστός , **venerable.**
- *Sergio*: Latín, **Sergius,** nombre de una gens romana.
- *Simón*: Griego, σιμός, **chato.**
- *Silvia*: Latín, **silva, "selva".**
- *Socorro*: Latín, **sub,** debajo, **curro,** correr, **"correr en auxilio".**
- *Sofía*: Griego, σοφία, **"sabiduría".**
- *Sonia*: Forma rusa de Sofía (véase).
- *Susana*: Hebreo, **shus,** "lirio blanco, azucena", **hannah,** "gracias": **"azucena graciosa".**
- *Teresa*: Latín **"La cosechadora", "La cazadora"**
- *Thelma*: Griego, **"voluntad".**
- *Tomás*: Arameo, **Thoma,** "gemelo".
- *Tonátiuh*: Náhuatl, **"El sol".**
- *Ulises*: Griego, **"El que odia".**
- *Verónica*: Griego, **"La que lleva la victoria".**
- *Vicente, Víctor*: Latín, **víncere,** "vencer": **"el que vence".**
- *Víctor*: Latín **"vencedor".**
- *Yolanda*: Germánico, **Wiol,** riqueza y **land,** tierra. **"La riqueza de la tierra".**

Bibliografía

1. Alegría, Margarita, *Variedad y precisión de léxico*. México: ANUIES, 1975. (Dos tomos.)
2. Alonso, Amado, *Estudios lingüísticos*. Madrid: Gredos, 1953.
3. Alonso, Martín, *Ciencia del lenguaje y arte del estilo*. Madrid: Aguilar, 1975.
4. Ávila, Raúl, *La lengua y los hablantes*. México: Trillas, 1977.
5. Bello, Andrés y Rufino J. Cuervo, *Gramática de la lengua castellana*. Buenos Aires: Sopena, 1958.
6. Boloña, Amancio, *Manual de historia de la lengua española*, México: Porrúa, 1971.
7. Contreras, Heles (compilador), *Los fundamentos de la gramática transformacional*. México: Siglo XXI, 1971.
8. Corominas, J., *Breve diccionario etimológico de lengua española*. Madrid: Gredos, 1973.
9. Dabout, E., *Diccionario de Medicina*, México: Editora Nacional, 1975.
10. Daudí, León, *Prontuario del lenguaje y el estilo*. España: Zeus, 1963.
11. De Saussure, Ferdinand, *Curso de lingüística general*. Buenos Aires: Losada, 1967.
12. *Diccionario de sinónimos y contrarios*. Barcelona: Taide, 1978.
13. Chomsky, Noam, *Aspectos de la teoría de la sintaxis*. Madrid: Aguilar, 1970.
14. Ferrater Mora, José, *Diccionario de filosofía abreviado*. Buenos Aires: Sudamericana, 1979.

15. Fontoynont, V., *Vocabulario griego*. Santander: Sal Terrae, 1996.
16. Gouquelin, F., *Saber comunicarse*. Bilbao: Mensajero, 1972.
17. Guisa y Azevedo, Jesús, *Diccionario de términos médicos*. México: Fernando Aldape Barrera, editor, 1975.
18. Herrera Zapién, Tarcisio, *Etimología grecolatina del español*. México: Ed. Porrúa, 22a Ed. 1995.
19. Lapesa Melgar, Rafael, *Formación e historia de la lengua española*. Madrid, 1952.
20. Love Smith G., y Phyllis Davis, *Curso rápido de terminología médica*. México, 1978.
21. Martinet, André, *Elementos de lingüística general*. España: Gredos, 1968.
22. Moguel, Idolina y Graciela Murillo. *Nociones de lingüística estructural*. México: Nuevas técnicas educativas, 1973.
23. Pei, Mario A., *Invitación a la lingüística*. México: Diana, 1970.
24. Pei, Mario A., *La maravillosa historia del lenguaje*. Madrid: Espasa Calpe, 1965.
25. Penagos, Luis, *Antología griega del bachiller*. Santander: Sal Terrae, 1973.
26. Porzing, Walter, *El mundo maravilloso del lenguaje*. Madrid: Gredos, 1969.
27. Real Academia Española, *Esbozo de una nueva gramática de la lengua española*. Madrid: Espasa Calpe, 1973.
28. Raluy, Antonio, *Historia de la lengua castellana*. México: Patria, 1966.
29. Schaff, Adam, *Introducción a la semántica*. México: F.C.E., 1966.
30. Schoekel, Alonso Luis, *La formación del estilo*. Santander: Sal Terrae, 1968.
31. Swadesh, Mauricio, *El lenguaje y la vida humana*. México: F.C.E., 1966.
32. Ullman, Stephen, *Semántica*. España, 1967.

—oọo—

La edición, composición, diseño e impresión de esta obra fueron realizados
bajo la supervisión de GRUPO NORIEGA EDITORES.
Balderas 95, Col. Centro. México, D.F. C.P. 06040
7243910000706508DP9244IE